わが子へ伝えたい11の歴史

日本はこうして世界から信頼される国となった

S・Yワークス代表
佐藤芳直

まえがき

「日本人は美しい（Japanese people is so beautiful.）」

東日本大震災から八ヶ月後のニューヨークで、そう語りかけられました。ＩＴ企業を経営しているという黒人青年は、大きな眼から涙を雫し、なぜ日本人はそうなのか、と尋ねるのです。

自分よりも他人を助けようとする人々、譲り合う人々、混乱の中でも誰かに配慮する人々……。

確かに世界中が驚嘆したその姿は、日本人特有のものでしょう。その黒人青年にそれが日本なのだという事。そしてそんな社会の存在が、日本が繁栄してきた最大の要因である事を告げました。

二〇世紀を一言で要約すれば、日本の躍進した世紀、日本が世界を変えた一〇〇年と言ってよいでしょう。その結果、二一世紀は、「世界が日本化する世紀」と確信できます。

勤勉、真面目、正直。この三つが日本人の三大特性だと考えますが、その日本人が構成する分厚い、社会資本は世界の憧れです。生み出され続ける技術は、未だ世界のトップグループにあります。また、アニメや料理に代表される日本文化は世界中を魅了し続けています。模倣され、キャッチアップされている現実は、それだけ信頼され、魅力的だという事です。そして経営コンサルティングの現場に居る者として、これからも日本は新たな価値創造をし続けると断言できます。

なぜなら、技術も文化も先祖から受け継いできた日本人としての生き方が生み出したもので、それは日本にしか創りだし得ないものだからです。つまり、日本人の生き方が、世界を魅了しているわけです。

日本の外に出ると実感します。私たちが今あるこの日本という国が、いかに世界中の人たちから信頼され、愛されているかということを。

しかし近年、様々な場面で、日本人の生き方そのものの綻びが表出していて、その事が私たちの未来を不安色に染めています。何より、子どもたちですら、未来を悲観的にしか見る事が出来ないでいる現実に驚きます。

その原因は、私たちの歴史、そこに観る事ができる素晴らしい日本人の生き方に学んでいないからだと思います。

この「今」は、私たちが創ったものではありません。私たちの先祖が、未来の私たちに手渡してくれたものです。世界から信頼され、憧れられている今の日本をつくって手渡してくれた先祖の歴史を学ぶ事ができなければ、何を守るべきかも分かる事はないのです。

本書は、私たちが誇るべき日本人の生き方を、歴史の中から、私なりの視点で選び出したものです。

私たち大人は、先祖が築き上げてきた歴史から何を学び、どのようなかたちで次の若い世代へ語り継いでいけばいいのか。

今こそ伝えたい一一の歴史の話を通して、私たちの未来――未来への恋文――を心に描いていただければ幸せです。

なお、本書に登場する「君」とは、知的障害に負けず、元気で朗らかに生きる長男由樹です。彼との心の対話を続けながらこの本を書きました。

目次

まえがき……3

序章　歴史は過去からのラブレター……14

第1部　日本人の信頼

第1章　一八九〇年　エルトゥールル号遭難――「恩送り」を生んだ誠実さ……22
トルコの恩送り……23
難破したエルトゥールル号……26
トルコ人の気概……28

第2章　一九〇五年　日露戦争日本海海戦――敗者をも敬う立派な態度 …… 32
歴史的快挙だった日本の勝利 …… 33
ロシアの脅威 …… 39
当時の世界地図は侵略地図でもあった …… 42
なぜ圧倒的に不利な日本が勝てたのか …… 44
日英同盟の真実 …… 48
イギリスに信頼された日本人 …… 50
会津魂ここにあり …… 51
敗者に恥辱を与えず …… 54

第3章　一九五八年　ダットサン210北米上陸――挑戦し続ける気力 …… 60
弁当という箱庭 …… 62
敗戦からの脱却 …… 64
時代の先を見つめる技術者たち …… 67
ダットサンの挑戦 …… 69
元同盟国との競い合い …… 72
信頼が信頼を生む …… 74

第4章 一七〇三年 赤穂浪士討ち入り事件――法を重んじる文化 78
江戸の御法度 80
日本人はなぜ忠臣蔵が好きなのか 81
禁断の書『葉隠』とは 86
赤穂浪士に対する幕府の思い 89

第2部 日本人の闘い

第5章 一八五三年 ペリー黒船来航――独立自尊の精神 94
大ベストセラー『学問のすすめ』 96
鎖国令 98
大航海時代へ 102
アメリカ合衆国の誕生 103
太平洋を挟んだ隣の国 106
開国を迫られた日本 108
開国の決定 110

世界の動乱の中で …… 112
遠き隣国 …… 114
第6章　一九一九年　人種的差別撤廃提案——信を通す勇気 …… 120
奴隷階級 …… 121
働きすぎた日本人 …… 126
黄禍論とオレンジプラン …… 129
国際連盟での孤立 …… 133
オリンピックですら平等ではなかった …… 136
第7章　一九四一年　日米戦争開戦——独立を貫く気概 …… 141
日本は悪い国？ …… 142
戦争という悲劇 …… 144
原子爆弾の残虐さ …… 148
真珠湾攻撃の真相 …… 151

第8章　一九五一年 マッカーサーの証言――証明された正当性 156
東京裁判史観とは 158
日本の罪とは 159
人道の罪とは 161
神話の大切さ 164
マッカーサーが擁護した日本戦争責任 167

第3部　日本人の学び

第9章　一九六四年 東海道新幹線開通――革新的な発想 174
夢の超特急新幹線 175
世界を変えた新幹線 179
模型から実物を作る技術 180
国策としての新幹線 182
伝説のデゴイチ 184
新幹線開業 188

第10章　一八五九年　吉田松陰死す——飽くなき勤勉性 …… 192
郷中教育 …… 193
維新の精神を説いた松陰 …… 197
下田踏海 …… 198
至誠という哲学 …… 200
受け継がれる松蔭の教え …… 202
松陰の最期 …… 207

第11章　一九四四年　特攻——祖国を守る心の叫び …… 210
特攻隊のふるさと …… 212
死の覚悟と生きる意味 …… 215
誰がための死 …… 219
特攻兵の心理 …… 222
未来を生きる者たちへ …… 225

あとがき …… 232

日本はこうして世界から信頼される国となった

序章　歴史は過去からのラブレター

大人ってどんな人か？

難しい質問だね。父さんも君の年頃に考えた事があるよ。

年を経たから大人ではないし、仕事をしているから大人って訳でもない。それでね、こう思うようになったんだよ。

より良い未来を次の世代に手渡したい。

そう考えて、今を大切に生きている人を、大人というのじゃないかな。

人間は誰もが役割を持って生まれてくるんだ。もちろん君も、父さんもね。

働くってどんな事だと思う？　父さんはね、たくさんの人に喜んでもらう事だと思っている。人間の生まれてきた役割は、喜ばれるという事じゃないかな。

父さん、自分は誰かに喜ばれるようになれるのか？　そう悩んだ事もある。今でも思う事があるよ。

でも君を授かって分かったんだ。人間は、みんな喜ばれるために生まれてくるっていう事をね。

君は覚えていないだろう。君が三歳の時、小さな手で一所懸命庭の草を抜いてね、おばあちゃんの所に持っていくって、父さんの手を引くんだ。その三日前がおばあちゃんの誕生日で、父さん花束を渡した。その時、花が一番好き、と言ったのを覚えていたんじゃないかな。君は抜いた草を束ねて、花束みたいにして持って行ったんだよ。

おばあちゃん喜んでね、ありがとうって君の頭をなでた時、君は嬉しそうに大きな笑い声をあげたっけ。その時、思ったんだ。

誰もが喜ばれるために生まれてくる。それは人間の役割なんだってね。

君が教えてくれたんだよ。

君は、体も弱くて、言葉も遅くて、なかなか歩けなくて、父さんも一杯心配した。悲しい日もあったよ。でもその何万倍もの喜びをプレゼントしてくれている。

君も存在しているだけで、こうして周りの父さんや母さん、おじいちゃんやおばあちゃんを喜ばせているんだ。

君もいつか年を経て働くようになる。それは、喜びの輪をもっと広く広く、拡げる事じゃないかな。それは、人間にしかできないこと。そして人間にとって一番幸せな事だとも思うよ。

たくさんの人に喜んでもらう人生。その方法として仕事があるんだよね。父さんもそう考えている。そしてね、君を見ていて、一緒に生きていて思う事がある。

未来を生きる君たちにも、喜んでもらいたい。今をもっともっとよくして、未来の君に届けたいってね。

でもそんなこと、どうやって届けられるんだろうね。時々悩む事があったんだ。考えているだけじゃ何も変わらない。大人の責任は未来をよくするために、君たちの未来を今より素敵なものにする事にあるのにね。

そんな時に、やっぱり君が教えてくれた。

おじいちゃん、八〇歳を過ぎても仕事をしているよね。真面目で几帳面なおじいちゃんは、皆に必要とされて引退できないんだ。そのおじいちゃんが、仕事に出掛ける時に、君はよくこう言ってるよね。

「おじいちゃん頑張るね、偉いね、カッコいいよ」

もちろんおじいちゃん喜んで、張り切って出掛けているよね。その姿はきっと君の勇気の種になるだろうと思うんだよ。働くという事や生きる事は、大変な事もあるし、失敗もある。

そんな時、ああ、おじいちゃん頑張ってたなあ、僕も頑張らなきゃ！　そう思う時がある。そんな勇気の種になる。

そして、おじいちゃんも、頑張った甲斐がそこにあるんじゃないかな。

誰かの勇気の種になれば、そんな生き方ができれば、それは素晴らしい生き方だと思うよ。

体が弱くても一所懸命頑張っている君の姿も、父さんの勇気になっている。それも素晴しい事なんだ。

そしてね、よりよい未来を手渡すとは、そんな勇気の種を誰かの心に蒔く事なんだって、思うようになった。

今を大切に生きる。父さんも頑張っていたな、おじいちゃんも頑張っていたな、君にそう思ってもらえるように生きたいな。それが大切に生きるという事だと思うんだ。

「公」って言葉を知っているかい？　知らない？　そうかもしれないね。余り使われることもなくなったからね。

「公」ってね、世のため、人のために。そのことを指す言葉なんだ。とても大切な言葉だけど、人間は自分が第一だよね。そして今が第一と考えるものさ。もちろん自分は大切だけど……、君が言われて一番嬉しい言葉は何だい？そうか、ありがとう、か。父さんもそうなんだ。やっぱり喜ばれる事が嬉しい。そうだよね。

誰かのために何かをする。それが嬉しいものなんだ。

人生はありがとうを集める旅。そんな言葉を聞いた事があるよ。素敵な言葉だよね。

「公」を大切にする。それは自分のためだって分かるね。誰かのために、それは全て自分の喜びのためなのかも知れない。

君たちの未来を、よりよくするように生きたい。それも結局は父さんのためさ。だって、未来の君たちにありがとうって言われたいもの。

未来へのラブレターを書くように、生きたいな。こんなことを考えていたぞ、こんな困難を乗り越えたぞ、こんな嬉しいことがあったぞ。どうだい？　未来の君たちに役だっているかい？

そんなラブレターをね。

今を生きる私たちはね、そんなラブレターをたくさん受け取って、生きているんだよ。

過去から未来の私たちへのラブレター。ちゃんと受け取って、私たちの勇気や学びにしなければいけない恋文。

よりよい未来を手渡したい。今と違って貧しくて、日本人なんてまだまだ世界ではよく知られていない時代に、一所懸命その時を生き、私たちに届けてくれたその恋文。

それを歴史と言うんだよ。

そんな先祖からの恋文をいくつか君に話をしてみようか。

第１部　日本人の信頼

日本は世界で最も好かれ、信頼されている国です。
それは、海外に行くとよくわかります。
なぜ、日本人というと笑顔になる
外国人が多いのでしょうか。
なぜ、これほどまで
日本の製品〈メイドインジャパン〉は
世界の国々から信頼され、
愛され続けているのでしょうか。
その答えはすべて先祖の歴史の中にあります。

君と父さんが生まれた日本は、アメリカやヨーロッパ諸国から見ると、極東地域に位置している。

ファー・イースト、遠い、遠い東の果ての島国。それが日本さ。

そんな、東の果ての小さな島国が、どうして世界で有数の経済大国になったのだと思う？

それは……「信頼」。そう信頼というものを、日本人一人ひとりが大切に思って生きてきたからだと、父さんは思っているんだ。

『親からの恩は、子に返せ』

小さい頃父さんは、君の祖父さんからよくそう言われていた。いいかい、親が死んだら、初めて親の有り難さ、恩というものが分かるんだぞ。そしてその恩はな、次の世代に返していくんだぞ。そう教えられていたんだ。

「恩送り」って字、なんて読むか分かるかい。「おんくり」って読むんだよ。受け取った祖先からの恩は、未来の子孫のためにより大きくして未来に送る。とても美しい日本語だね。

これからする話は、今から一〇〇年以上も昔、とある貧しい村に住んでいた漁民たちの勇気ある行動が、百年近い年月を超えて未来の日本人を救ってくれた本当にあった出来事。

国を超えて、人種を超えて、そして果てしない時の流れを超えて、人間と人間が思い合う奇跡。いや奇跡なんかじゃない。人間の素晴らしさがこの話には満ち溢れているんだ。

トルコの恩送り

君がまだこの世に生まれていない一九八五年、イランとイラクは激しい戦争をしていた。そんな中、三月一七日イラクのサダム・フセイン大統領は、イラン上空を飛行する航空機を、四八時間以降、無差別に攻撃、撃墜すると宣告した。

イラン国内は一挙に緊張が高まった。特に首都テヘランは、すでにイラクから発射されたミサイルによって甚大な被害を受けおり、混乱は著しかった。

産油国であるイランには、世界各国からの在留者が多く、フセイン大統領の宣告通り、四八時間以降、イラン上空を飛ぶあらゆる航空機が撃墜されるとすれば、それまでにテヘランを脱出しなければ、生命の危険すらあった。

各国は、独自にテヘランに向け救援機を派遣し、自国民の撤収を開始したのだが、ただ一ヶ国だけ、救援機の手配ができない国があった。

それは日本だった。

日本政府は救援機の要請を日本航空に打診したものの、四八時間以内ではテヘランに到着しても、安全に脱出するのは難しいと断られてしまう。

政府としても、安全が保証されない空域に、民間航空機を飛ばすわけにはいかなかった。

そこで自衛隊機の派遣も検討されたのだが、残念ながら当時の国内法上、紛争地域への自衛隊派遣は不可能なことだった。

その頃テヘラン市内には、まだ三〇〇人を超える在留邦人が出国を望み待機していた。

日本からの救援機が派遣されないと聞かされた彼らは、絶望の思いが濃くなっていったに違いない。

刻一刻、撃墜宣言のタイムリミットが近づいてきた最中、突如奇跡のような報せがもたらされた。

在イラン日本大使館からの要請を受けたトルコ政府が、テヘランに救援機を二機飛ばしてくれるというのだ。

大使館から連絡を受けた在留邦人たちは、大急ぎで爆撃の恐怖の中をテヘラン、メヘラバード空港へと向かったが、空港に到着した時、彼らが目にしたものは、救助を求めて待機している数百人はいるトルコ人達だった。

そのことを知った日本人は、たとえ救援機が来ても自国民であるトルコ人を優先的に救援するはずだろうと思い、トルコ救援機で日本人が本当に出国できるのかと、不安にかられていたという。

ところがそのとき、トルコの人々は、「日本人にその救援機に乗ってもらうのだ！　先人が受けた恩を返す時だ！」と口々に同じ言葉を叫ぶと、みず知らずの日本人を救援機へと送り出してくれたのだった。

最後の救援機が日本人を乗せてイラン国境を越えたのは、無差別撃墜令のわずか四時間前だったという。そして、その後一機の救援機も来ることはなかった。

最後の救援機に乗れなかったトルコ人たちは、トラックや乗用車に分乗し、イラン国境近くのアララト山を超え、一週間近くもかけて祖国へ避難した。

何も知らない君がこの話を聞いても、そんな緊迫した状況で、なぜトルコの人々が日本人に救援機を譲ったのか不思議に思うのではないだろうか。

先人が受けた恩を返す。トルコ人たちが口にしたその「恩」というものこそ、父さんも、祖父さんも生まれるはるか昔の日本で起こったある悲劇の話まで遡る必要がある。

難破したエルトゥールル号

一八九〇年（明治二三）九月一六日。

一隻の軍艦が、折からの台風に巻き込まれて、和歌山県串本沖の紀伊大島付近で座礁した。破損した船底から蒸気機関に浸水した結果、水蒸気爆発を起こして船体は破壊され、五八七名の乗員が犠牲になる大惨事となった。

軍艦の名はエルトゥールル号。オスマン帝国、現在のトルコの親善使として、日本へ派遣された軍艦で、帰国するために一日前に横浜を出航したばかりの事故だった。

九月一六日の夜一〇時、座礁し大破したエルトゥールル号の乗組員が崖をよじ登って、紀伊大島の灯台にたどり着くと、灯台守はすぐに近くの村に知らせに走った。

遭難を知った島民は、大荒れの海に飛び込むなど懸命な救出活動を行なった結果、六九名の乗員を救出したのだった。

そして、貧しい村ではあったが、自らの備蓄食料を投げ出し、可能な限りの手厚い看護で、政府の救援隊が辿り着くまで、トルコ人乗員の生命を守り抜いた。

一〇月五日、六九名の生存者は、日本海軍の軍艦「金剛」「比叡」の二隻に分乗し、オスマン帝国へ帰国の途についた。

軍艦の派遣は明治天皇のご指示だったのだが、事件は大日本帝国憲法発布の翌年のこと。明治維新から二二年、国づくりの途上にあった日本にとって、虎の子である二隻の軍艦をトルコまで派遣することは、大変な決意であらせられたことだろう。

このような極東地域の島国日本の尽力に対して、オスマン帝国は感動の念に包まれたという。

「日本に何かあれば、今度は私たちが恩を返すのだ」

そんな言葉とともにトルコの人々は、エルトゥールル号の悲劇の物語と、日本人からの恩情への感謝を心と歴史に刻んだ。そして、現在でも学校の教科書にエルトゥールル号事件を取り上げているという。

トルコ人の気概

一九八五年のテヘランの空港で、日本人に自国の救援機を譲ったトルコの人たち。彼らは九五年前に起きたエルトゥールル号遭難の際の恩を返そうとしたのだ。無差別撃墜が数時間後に始まるという、絶体絶命の状況下でまさに生命がけの「恩返し」といえるだろう。

そこにいたトルコ人たちの多くは、一般の市民で普通の人たちだった。

自らの危険を顧みずにみず知らずの日本人を救おうとする人間の勇気の凄さ。そして語り継がれてきた先人の恩を返そうとするトルコ国民としての自尊心と律義さ。ひとつの出来事が長い歳月をかけて代々語り繋がれてきたという事実に、父さんは胸が熱くなる。

君が学校で教わる歴史だけが歴史ではない。そのことを忘れないでいて欲しい。

このときトルコ人がとった行動について、「日本がこのところ対トルコ経済援助を強化してきたこと、それが日本人救援の理由だろう」と論評する日本のマスコミがあった。

この記事に対し、駐日トルコ大使ヌルベル・ヌレッシ氏が次のように投書で反論した。

「純粋に人道的な見地から発したトルコ航空の今回の措置を、日本とトルコとの経済協力関係、つまり日本からトルコへの経済協力に結びつける見方があり（中略）そのことに対して深い悲しみを覚えています」

自国民の命と、金。この二つを天秤にかける国家など、あってはならないのではないだろうか。

しかし私たち日本人は経済大国を自覚しだした頃から、人間としての在るべき常識を失い始めていたのかもしれない。

先人が蒔いた福の種が、九五年の歳月を経て、二〇〇人以上の子孫の生命を助けた。それはまさに時空を超えたロマンでもある。

今を生きる私たちは、未来へと受け継がれるであろう〝福の種を蒔くような生き方〟ができているのだろうか。

紀伊大島の漁民たちは、未来のために、などと考えて荒れ狂う海に飛び込んだわけではない。その時の心情を、悠久の時の彼方にいる彼らに問えば、

「自分たちはただ、日本人として、否人間として取るべき道を、当然のこととして行なっただけだ」

おそらくそんなふうに答えるだろう。

私たちが未来に手渡せるもの――。

それは、人間として誠実に日々の行為を重ねていく中で、いつしか積み上がっていくもの

なのだと、歴史は語っているように思う。

そして同時に、「語り継ぐ」こともまた大切なのではないだろうか。次の時代へと手渡すバトンは、過去から語り継がれてきたことの中にこそ見えてくるはずだ。このエルトゥールル号の一件のように。

熊野灘の大海原を見下ろすように建てられた「トルコ軍艦遭難慰霊」の石碑。

それは日本とトルコの友好の証であると同時に、未来へと手渡すべき貴重な物語が詰まったバトンなのだ。


御先祖――。

今ではなかなか口にしなくなった言葉だよね。

でも、思わないかい？　今の私たち日本人が日本人として世界に対して胸を張れるのは、信頼を積み重ねてくれた「ご先祖様」のお陰なんだと。

もちろん、目の前の一つの行いが未来にどんな評価を受けるのかなんていう思いで、当時の人たちが行動したわけではないよね。

当たり前の事として、今を正しく生きようとした。そして、誰か困っている人の為に、と純粋な気持ちで日々をおくったたくさんの私たちの先祖が、長い年月の中で日本という信用と信頼を築き上げてくれた。

それこそが、決して忘れてはいけない歴史の真実だと父さんは思う。

そして、イラクで受けた「恩」を、今度は私たち日本人が語り継ぐ責任があるよね。父さんたちが、君たちが、自分の子どもに、孫に。

それも立派な「恩送り」という事に違いないよね。

第2章　一九〇五年 日露戦争日本海海戦——敗者をも敬う立派な態度

君は今、二一世紀を生きているよね。きっと新しい夢が膨らむ素晴らしい時代になる。父さんはそう思う。

二〇世紀はどんな一〇〇年だったかって……。

二〇世紀は日本が躍進し、日本が世界を変えた一〇〇年だった。

えっ!?　日本にそんな力があったのかって?

そうだね、二〇世紀が始まった頃、まだ日本は開国して三〇年ほどしかたっていなかった。

まだまだ暮らしは貧しく、近代技術のほとんども輸入にたよっていた。

極東地域の片スミに存在する小さな国。

欲目でみても、美しいサムライの国くらいにしか思われていなかっただろうね。

その日本が世界を変えたんだ。

その出来事とはね、世界最大の国家、ロシアと戦ったこと。

そうだよ、そのころ世界で最も強い陸軍を持っていたロシアと戦ったんだ。

そして、勝った。誰がみても、それは見事な勝利だったんだよ。

貧しく、身体の小さなアジアの小国が、強国ロシアに勝った。

それはね、世界が一日にして変わるくらいに、誰もが驚き、目を見張った大事件だったんだ。

どうして戦ったかって？　そして、なぜ開国して、わずか三〇数年の日本が勝てたのかだって？

うん、その話をしようか……。

歴史的快挙だった日本の勝利

日露戦争での日本の勝利。それは、二〇世紀最大の事件だったといっても過言ではないだろう。

日露戦争は間違いなく世界史を大きく変えることとなった。

なぜならこの勝利をきっかけに、世界中の有色人種の独立への気運が生まれ、二一世紀に向けて世界がいっそう多極化していったからだ。

長期的視点でみれば、白人国家である欧米が二〇世紀以降、衰退していくその芽を産んだ戦争だったといえる。

世界を変えた日露戦争。

その事実上の最終決戦となったのは、対馬沖で繰り広げられた日本海海戦だった。

開戦から八ヵ月後、戦況が思うように進展しない状況を打開すべく、ロシアの皇帝アレクサンドル三世は一つの決断をした。

それは、世界有数の艦隊、第二太平洋艦隊を、極東の拠点ウラジオストクに派遣することだった。

その艦隊は、八隻の戦艦を主力とする通称バルチック艦隊と呼ばれていた。

バルチック艦隊は一〇月一五日にバルト海リバウ港を出港し、大西洋、インド洋を経由し、はるか極東の地、日本を目指す航海に乗り出した。

その長い航海には、途中の石炭補給、艦船の補修、乗組員の休憩は不可欠であったが、フランスの中立植民地などでも、日英同盟を結んでいたイギリスの圧力などで補給もままならなかったという。

補給や乗務員の疲労に苦労しながらも、バルチック艦隊は三万二〇〇〇キロメートルの大航海を経て、なんとか日本海へ向かった。

東シナ海から対馬海峡へとさしかかったのは、航海スタートから六ヶ月と一〇日後の、一九〇五年五月二七日だった。

もし、日本海に面したロシアの港にバルチック艦隊が入れば、日本海を制することになり、日本は戦地である満州に兵隊も食料も武器も輸送することが難しくなる。

日本海軍にはバルチック艦隊を必ず撃滅する必要があった。

東郷平八郎大将を指令長官とする連合艦隊は、バルチック艦隊を待ち受けるべく、日本海に展開した。

同日、五時五分、日本連合艦隊旗艦「三笠」は、監視船「信濃丸」から、バルチック艦隊発見の報せを受け、参謀・秋山真之が考えた有名な電報を日本政府に発信する。

「敵艦見ゆとの警報に接し連合艦隊は直ちに出動、之を撃滅せんとす。本日天気晴朗なれども波高し」

近代的艦隊同士の世界最大規模の海戦。そして日露戦争の命運を決する戦い。世界が固唾を飲んで結果を待ったという。

結果は日本海軍の圧勝であった。

バルチック艦隊は全三八隻中、二一隻が撃沈し、六隻が拿捕され、四八三〇人が戦死、六千人以上が捕虜となった。

一方、日本海軍の戦死者は一一七人で、失ったのは僅か三隻の小型水雷艇だけという、世界の海戦史に類例のない圧倒的な完勝だった。

「日露戦争の勝利は日本が収めるぞ」

圧倒的な勝利を伝え聞いた、世界中の人々がそう確信した。

当時のロシアは、ＧＤＰは日本のおよそ三倍だったと推測され、そのロシアに近代化から僅か三〇年ばかりの、黄色人国家日本が勝利したのだから、世界中の人々の驚きは凄まじいものだった。

二〇世紀初頭、広大なユーラシア大陸で有色人種の独立国家はたった二つ、日本とタイだけで、他の広大な地域はすべて白人の植民地であり、支那大陸も英国を中心とする白人国家に植民地にされている最中だった。

そんな植民地とされていた有色人種の国は、黄色人種の小国日本が白人国家ロシアを打ち破った事に興奮し、勇気を持ったという。

日露戦争後、清国を倒し中華民国建国の父と呼ばれる孫文は、日本の勝利について次のように語っている。

「これは最近数百年間に於けるアジア民族の欧州人に対する最初の勝利であったのであります。此の日本の勝利は全アジアで影響を及ぼし、アジア全体の諸民族は皆有頂天になり、そして極めて大きな希望を抱くに至ったのであります」

インド独立運動の闘士であり、その後インド首相となったジャワハルラール・ネルーも、一九五七年に岸首相がインドを訪問した際に、自分の人生を日露戦争と重ね合わせて次のように語っている。

「私の子供の頃に日露戦争というものがあった。その頃のロシアは世界一の陸軍国だった。世界中は、ちっぽけな日本なんかひとたまりもなく叩き潰されると思っていた。アジア人は西洋人にはとてもかなわないと思っていた。その日本が勝ったのだ。

私は、自分達だって決意と努力しだいでは勝てないはずがないと思うようになった。そのことが今日に至るまで私の一生をインド独立に捧げることになった。私にそういう決意をさせたのは日本なのだ」

このように、日露戦争での日本の勝利に対し大きな意義を語る言葉は、枚挙にいとまがない。

植民地にされていたアジアの国々に、独立への気概を与えた大きな出来事だった。

この歴史的事実はどんなに時代が変わっても、決して私たちは忘れてはいけない事だと思う。

もし日露戦争で日本が敗れていたとしたら、日本はロシア領土とされ、今の日本には純粋な日本人も、日本語も無くなっていたかもしれない。

二一世紀に入っても、世界は白人国家と白人が主人である植民地だけに色分けされていただろう。

日本の勝利が今のこの世界と今に至る歴史を確かに作った。

どうか君もこの事は覚えていて欲しい。

そしてまた、日本の勝利に湧いたのは、近隣のアジア諸国だけではなかった。

黒海をめぐる主導権争いでつねにロシアの圧迫を受けていたオスマン帝国（トルコ）や、一部属領とされていた北欧の国々も、日本の勝利を喜び讃えた。

トルコのイスタンブールには「トーゴー通り」と呼ばれる通りがある。

日露戦争の勝利を決定づけた日本海海戦の指揮官、連合艦隊司令長官の東郷平八郎の名前からつけたものだが、子どもの名前にも「トーゴー」や「ノギ」とつける親も多かったという。

ちなみに、「ノギ」は日露戦争最大の激戦であった旅順要塞攻略の指揮官、乃木希典から由来するものだ。

ロシアの脅威

日露戦争が起こる前、ロシア帝国は、多くの国々にとって手ごわい脅威だった。

ロシアは広い国土に、多くの海岸線を持っており、西にバルト海、南に黒海、そして北に北極圏のバレンシア海。東辺は、日本に接する日本海からオホーツク海だ。

ところが、いずれも冬に凍結する海で、冬期の航路が可能になる不凍港の確保は、ロシアにとって悲願だった。

しかし西方は、オスマン帝国（トルコ）、プロイセン（ドイツ）、フランス等強国が存在し、ヨーロッパ北部や黒海に、地中海に自由に港を作ることは出来なかった。

したがって、西がダメなら東と、冬でも港が使える日本海や東シナ海を目指すのは、ロシアにとって当然の発想だったろう。

ところが、一九世紀中頃まで日本海・東シナ海を制していた清国も強い国家で、とても港を奪い取れる状況ではなかった。

その清国にかげりが出始めたのは一九世紀半ば以降のこと。

アヘン戦争と日清戦争の敗北により、弱体化していた国力を世界に知られ、「眠れる獅子」と語られていた清国は「張り子の獅子」。そう語られるようになった。

アヘン戦争の勝者となった英国が、香港、九龍半島を租借地（植民地）とし、清国での経済的主導権を握ると、続いてロシアも、今がチャンスとばかりに、急激に南下していった。

そしてアムール川以北と、日本海に面した沿海州を事実上のロシア領とし、一八六〇年にはその南端ウラジオストクを軍港とした。

ウラジオストクは日本海に面し、日本と目と鼻の先に位置するのだから、日本人もロシアの脅威を実感し始めた事だろう。

しかしウラジオストク港も冬は凍結し使えない。そこでロシアは、遼東半島の旅順、大連を次の標的とした。

一八九〇年代後半、遼東半島は、日清戦争に勝利した日本が租借地（事実上の植民地）としようとしていた。清国も戦争に敗れた賠償としてその事を認めていたのだ。しかし、何としてでも不凍港を得たいロシアは、ドイツとフランスを誘い、ともに日本に返却を求めた。

これを「三国干渉」という。

ドイツ皇帝のヴィルヘルム二世とロシアの皇帝アレクサンドル三世はいわば親戚筋で、フ

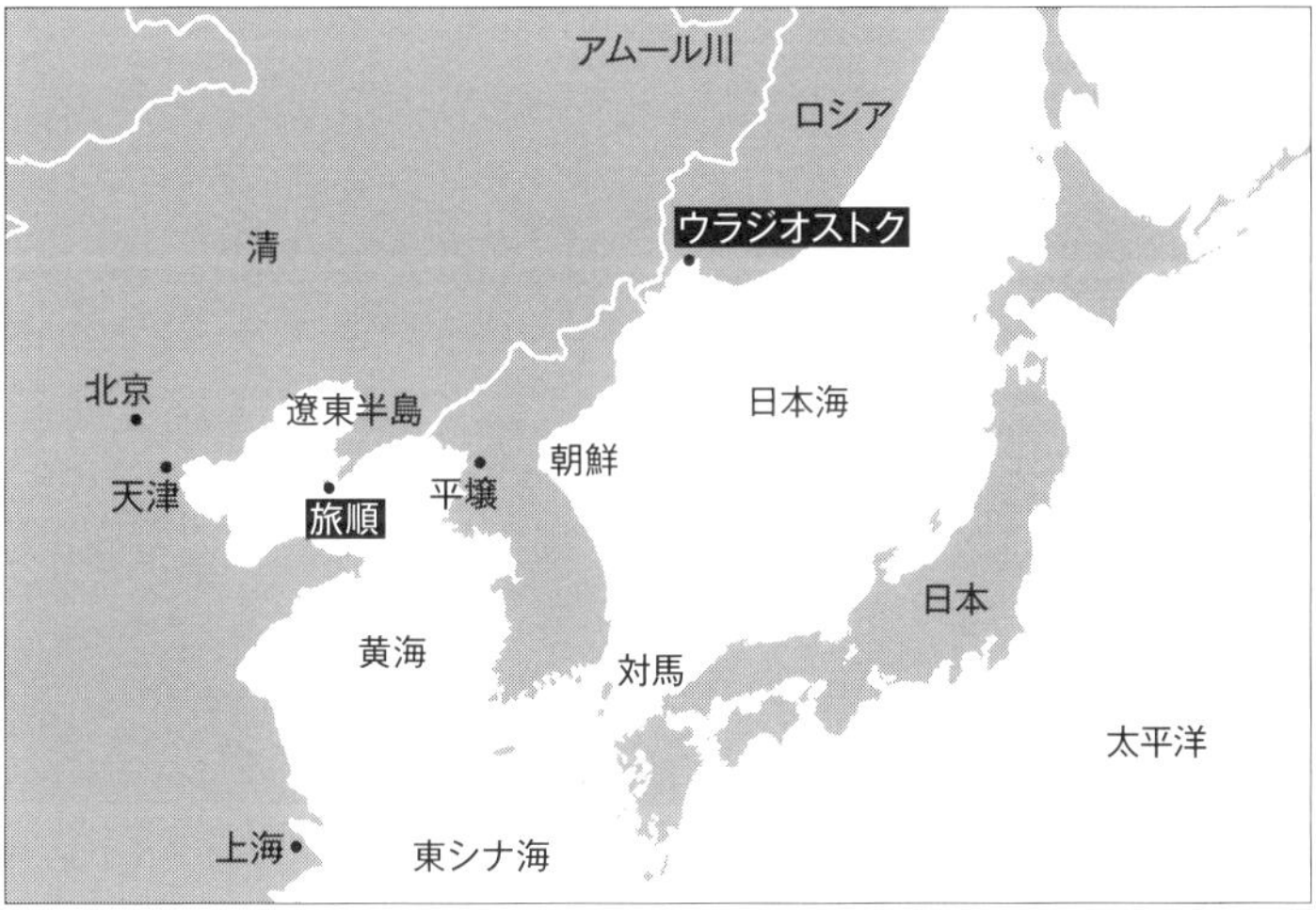

日露戦争時における極東地域

ランスはロシアに莫大な金を貸す国だったため、三国の結束は固かったのだ。

日本はこの三国干渉に屈し、遼東半島を返上した。軍事的対抗などとてもできないと判断しての事だった。

日本が返還したばかりの遼東半島をロシアはさっそく清国から租借し、遂にロシアは不凍港を、日本の領海に接する地で手にすることになったのだ。

どの時代でも、強い国が自らの戦略をごり押しする。それが今も変わらない国際関係というものだ。

「ロシアは親指、日本はノミ」

そんな言葉を、ロシア高官は侮蔑の笑いを浮かべ、口にしていたとまで伝えられている。まるで「日本など眼中にないよ」そんな発言ではないか。

白人主導の世界。そして小国日本。誰もが頷かざるを得ない言葉だった。

当時の世界地図は侵略地図でもあった

さて、改めて地図を見てみよう。

ロシアが日本に代わって租借地とした遼東半島は、朝鮮半島の首根っこに位置し、ロシアがそこから南に支那大陸を行けば、あきらかに英国との衝突は避けられなかった。

ではロシアは、次にどこを自らの勢力下に置こうとしたのか。

そう、朝鮮半島だ。

このころの朝鮮は近代化に乗り遅れ、経済、軍事面でも、欧米列強とは比べものにならない次元で、その上、身分制度の融通性がなく国民は疲弊し、政府の力も弱体化していた。

ただ、隣接する日本への反感、反日意識は、その頃から強いものがあった。

大昔は日本への文化の発信地であった韓国、朝鮮。その自負心は「侮日感」、すなわち日本や日本人を侮る感情にかたちを変えて一貫して存在し続けていた。

日本が急激に近代化を進め、朝鮮が指導国として仰ぎ朝貢を続けてきた清国をあっというまに戦争で打ちのめしたことも、朝鮮の人々には面白くなかった。

急激に近代化し清国への影響力を広げる日本。その日本をロシアは邪魔な小国と思っていた。

もし日本列島に進出できれば太平洋への進出が可能になる。そんな思惑で日本領を見ていたことだろう。

一方、感情的に日本を排したい朝鮮は、ロシアと交流を深めていく。いつの時代も、「敵の敵は味方」なのだ。

朝鮮はしだいに、ロシアを、政治、軍事の顧問団として招き入れていった。

ロシアは、日本への進攻の準備と思われる行動を着々と進めていく。

皇帝のアレクサンドル三世は、ロシアの中心部と太平洋岸を結ぶ大動脈として、シベリア鉄道の建設を下命。首都サンクトペテルブルクを出て、ハバロフスク、そして日本海の軍港ウラジオストクへ至る、世界最長の鉄道を構想した。

工事は一八九一年にウラジオストク側から始まり、さらに遼東半島・旅順へ向けて、後の南満州鉄道建設もスタート。

ハルビンとウラジオストクを結ぶ東清鉄道とあわせれば、朝鮮半島への軍備輸送は容易になる。

朝鮮半島は、まるで「鉤」のように、日本の背に向かって突き出しており、ロシアの朝鮮半島の実質的支配が進めば、日本への進攻は半分すんだようなものと考えられた。

なぜなら朝鮮半島から対馬島を経れば、博多湾、あるいは海岸線の広い山陰から津軽まで、たちまち上陸できるようになるのだ。

英国やアメリカですら恐れ、不戦を国是としていたロシア陸軍四〇万がもう日本の鼻先まで来ている。そんな恐怖感に日本は包まれていた。

開国から三五年。日本人にとって最大の危機が、すぐそこにあった。

列強の植民地になる恐怖心が明治維新の力となり、「独立国でありたい」その思いが日本人を一体化させ近代化を推し進める原動力となってきた。

しかし、ロシアの存在によって歳月を無に帰す可能性が急激に膨らんでいった。

当時の日本人の危機感、切迫感、敵愾心に、私たちは思いを馳せる必要があるのだ。

なぜ圧倒的に不利な日本が勝てたのか

一九〇四年二月八日。以後一年半あまりに及ぶ日露戦争の火蓋が、いよいよ切られた。

当初、世界は日露戦争の結果をどのように予測していたのだろうか。

それを雄弁に示すデータがある。当時の公債金利だ。

国の信用は、公債や国債といった、政府が直接関係して売り出す債券の金利に表れる。

開戦からほぼ二ヵ月後、一九〇四年三月一日の日露両国の公債金利には、大きな差があった。

日本　六・四三％
ロシア　四・二％

日本の分の悪さをはっきりと示すデータだろう。

圧倒的な国力、軍事力、世評の差があったなか、なぜ日本は超大国ロシアを相手に、世界史を変えるような勝利を収めることができたのだろうか。

沢山の要因があるなかで、あえて挙げるとするならば、日本の科学的態度、つまり先進的な科学技術の積極的な追求と採用が重要な勝因の一つであった。

煙が少なく連射に適した無煙火薬の採用もその一例だ。

爆発力が大きく、爆発時の温度が当時の常識からみて異常に高い「下瀬火薬」の開発と導入。それは爆発に至る感度が強く危険だという理由で、西欧が嫌っていた技術だった。

しかし、日本人はとことん研究し、導入に成功したのだ。

通信海底ケーブルも、日本本土と台湾、そして朝鮮半島との間に張り巡らせ、駆使していた。これは、イギリス、アフリカ回線に繋がれており、日本に向かってくるバルチック艦隊の動向が迅速に、日本への協力者から伝わる一因となった。

無線技術も一八九四年前後に開発されたばかりで、艦隊運用に採用したのは日本海軍が最も早いグループだった。

また、情報戦においても、日本はロシアを圧倒していた。

さまざまな最新技術を先進的に運用した日本海軍は、勝つべくして勝ったと言ってもよいだろう。

そして、日本の将兵も大国ロシアとよく戦った。

ロシアが、アジアにおける一大軍港拠点としていた租借地、旅順。

その旅順の攻防戦は、日露戦争のヤマ場の一つで、最大の激戦地となった。旅順港にはロシア第一太平洋艦隊がおり、日本輸送船団の脅威となっていた。戦地への補給を円滑に進めようとするためにも旅順を攻撃しなければならない。

しかし、旅順港の背後には広大な旅順要塞が築かれていて、陸からの攻略をも阻んでいたのだ。旅順のロシア要塞は、日本軍が初めて体験する近代要塞だった。コンクリートで固められ最先端技術で造られた旅順要塞に、日本兵は突撃を繰り返し、死体の山を築く事になった。

バルチック艦隊は着々と日本へ向かっていて、もし旅順の艦隊と合流されれば、日本の勝ち目はなくなってしまう。

何としても、その前に旅順要塞を攻略し、陸上からの砲撃で旅順港の第一太平洋艦隊を全滅させなくてはならない。

今、この巨大な要塞を陥落させなければ日本が滅びる。バルチック艦隊が日本に来るまでに旅順を手にしなければ、勝利はあり得ない。

突撃した将兵は、真剣にそう思っていた事だろう。

三ヶ月の間、三回の総攻撃をかけ、日本軍は六万人近い死傷者を出した。旅順が陥落したのはバルチック艦隊来攻のおよそ六ヶ月前の事だった。

指揮官・長州藩士・乃木希典大将は、ドイツに学び謹厳・実直な見本のような将軍だった。人情家でもある乃木は、野戦病院で苦しむ負傷兵一人ひとりの口に「よくやってくれた。よくやってくれた」と、言いながら氷のカケラを入れて歩いたと伝えられている。

日本国内では、乃木のもとであまりにも多数の将兵が死してゆく事実に批判の声が上がっており、乃木の留守宅には投石までされるほどであった。

しかし、どれだけ多くの犠牲を払っても旅順を落とすことは、日本にとって大命題だったのだ。

日本の独立を守り抜くために、一戦一戦、小国日本にとって綱渡りのような、決して失敗する事の許されない戦いが続いていった。

日英同盟の真実

日本を勝利に導いたもう一つの重要な要因、それは「日英同盟」だった。

英国は二〇世紀に入るまで、他国と同盟関係を結ぶことは無く「栄光ある孤立」を方針としながら大英帝国として世界に君臨していたのだ。

その英国が、日露戦争の勃発が必至となった一九〇二年一月三〇日、日英同盟を締結したのだが、日英同盟は英国主導で結ばれた同盟だった。

英国の初めての同盟相手が、黄色人種が住むアジアの一小国日本だったことに世界の白人国家は驚いた。

もちろん、宿願の南下政策を実現し、支那北東部の支配権を確立しつつあったロシアを牽制したいという目論見もイギリスにはあったろう。日本が勝てないまでも、ロシアの国力を

中央新聞（1903年10月13日）に掲載された、日・英・米・露の関係を描いた風刺画

減衰させてくれればよい。英米のそんな思惑は、当時の新聞に載せられた風刺画にも描かれている。

しかし、いくらなんでも日本と同盟まで結ぶ必要がイギリスにあるのか？　そのような強い疑問の声は英国国内をはじめ、西欧社会から上ったのも事実だ。にもかかわらず、なぜ？

実はその背景には、ある日本人の存在があった。

イギリスの、日本に対する大きな信頼を生んだ男だ。

その名は、柴五郎。

リュウトナンコロネル・シバの名で世界中に知られた軍人である。

イギリスに信頼された日本人

一九〇〇年、清国の北京で大規模な騒乱が起こった。いわゆる「義和団の乱」である。「扶清滅洋」を掲げ、清国の威信のために、西欧諸国を国土から放逐しようとする争いで、義和団は五月二八日に暴徒化し、公使館が集まる一角に押し寄せた。

そこは東西九〇〇メートル、南北八〇〇メートルの範囲に、欧米一〇ヶ国と、日本の公使館がひしめき合う地域だった。

公使館を護衛した欧米・日本の守備兵は、およそ四〇〇名。日本からも二五名の将兵が参加していた。

その日本の指揮官が日本軍の柴五郎中佐だった。

暴徒たちに、やがて清国の軍隊や警察も加勢した。

激しい攻撃が続く中、ついには日本公使館書記やドイツ大使が殺害される事態となってしまった。

外国公使館を襲撃し、ついには、外交官まで殺害する。そんな非常識が平然と行われ、国際常識ではコントロールできない暴徒がさらに押し寄せてきた。

公使館連合軍による大規模な反撃が開始されたのは、六月二〇日のことで、連合軍の応援部隊がそれぞれの本国から到着するまでのおよそ二ヶ月間、清側の四万ともいわれる攻撃を撃退し、外交官や居留民を守った守備兵たち。

その戦いの先頭には、常に柴五郎中佐と日本軍が存在した。

英国公使マクドナルドは、西欧諸国の将兵を逐次、柴中佐の指揮下に組み入れた。

「日本兵の勇気と大胆さは驚くべきものだ。わがイギリス水兵が、これに続く。しかし、日本兵はずば抜けて一番だと思う」

英国公使館のランスロット・ジャイルズは、日本兵の勇敢ぶりを素直にそう表現している。

その守備兵の指揮官となった、柴五郎の勇気と何よりもその人間性に、誰もが敬意を寄せていた。

会津魂ここにあり

柴五郎は、会津藩士柴佐多蔵の五男として生まれ、戊辰の戦役に従軍した。

日本の歴史のなかで、最大の悲劇の一つは戊辰戦争、会津藩討伐戦だったろう。

常に天皇を大切に思い、事実そのように行動し、孝明天皇からも一番の信頼を得ていた会津藩が、江戸幕府側に立ったとして、徳川方最大の逆賊という汚名を一身に受け、薩摩・長州に囲まれ、約三〇〇〇名の戦死者を出したという悲運の藩である。

維新の戦いにおいてどの藩にも例のない徹底的な戦いを会津藩は貫いたが、それだけではない。

長州・土佐を主力とする官軍の軍勢が会津に侵入するや戦いの足手まといにならないようにと、柴家の祖母、母、兄嫁、姉妹三人は皆、自害しているが、それは柴家だけの悲劇ではなかった。

会津は降伏後、全藩をあげて下北半島に国替えさせられた。冬は雪と氷に閉ざされ、食糧とてない。藩士に満足な家など与えられなかった。

国替えからわずか二年後、移住者一万三〇〇〇人のうち、壮健な者は二三〇〇余人と記録されている。

残り一万七〇〇〇人は、すべて死亡したか、病に伏したということだ。

それほどの悲哀を、柴五郎も少年期に体験していた。

食料が欠乏する中、柴五郎の父、佐多蔵が「死んだ犬の肉を食べよ」と、五郎に命じた。しかし、喉を通らず吐き出す五郎に、佐多蔵はこう言って叱責したという。

「会津の国辱雪ぐまでは、生きてあれよ。ここはまだ戦場なるぞ」

その無念の言葉を、今なお会津人は口にするという。

会津の国辱を雪ぐ――。

柴五郎中佐が、北京籠城戦で発揮した力は、会津藩士の魂から生まれたものだったのだろうか。

「日本軍を指揮した柴中佐は、籠城中のどの士官よりも勇敢で経験があっただけでなく、誰からも好かれ、尊敬されていた」

後に出版された『北京籠城』のなかで、ピーター・フレミングは、彼をそう評価している。

柴五郎はその後、英国のビクトリア女王をはじめ、多くの国から数々の勲章を授けられている。

「外国人の中で、日本人ほど男らしく奮闘し、その任務を全うした国民はいない」

これはロンドンタイムズの社説の一節だが、同様の評価が各国に浸透した。

イギリス兵を柴五郎の指揮下に送り込んだ人物は、事件当時にイギリスの在北京公使を務めていたマクドナルド氏だったが、その後彼は、日本公使に就任した。

マクドナルド氏が、日英同盟の影なる立役者であったことは間違いないだろう。

敗者に恥辱を与えず

日露戦争、そして戦後においても、さまざまな日本人の振る舞いや言動は、世界の人々の注目を集めた。

日本人の精神性の高さ、奥深さに、世界は感嘆した。

日露開戦からわずか二ヶ月後、ロシア海軍の至宝といわれていたマカロフ提督が戦死した。旅順港外で乗艦が機雷に触れて轟沈したのだ。

そのころのアメリカで、日本に対する世界世論の形成を任されていたのは、セオドア・ルーズベルト大統領とハーバード大学の同窓生であった金子堅太郎だった。

福岡藩士の子として生まれた堅太郎は、藩校修猷館に学び、その後岩倉遣欧使節団に同行し、ハーバード大学に進み法律学を学んだ。

日露戦争開戦にあたり、伊藤博文枢密院議長の説得を受け、戦争終結の斡旋をルーズベルトに委託する事を目的の第一として金子は米国に渡っていたのだ。

マカロフ提督戦死の翌日、金子は全米の名士を招いてパーティーを開催したが、その席で金子は、マカロフ提督に対する慰めの気持ちをこのように表している。

「ここに御列席された、多数のお方はマカロフ大将をご承知であります。大将は世界有数の戦術家である。この人が死なれた。わが国は今やロシアと戦っている。しかし一個人としてはまことにその戦死を悲しむ。敵ながらも我輩はこのマカロフが死んだのはロシアのためには非常に不幸であると思う。

マカロフ提督も国外に出て祖国のために今やまさに戦わんとするときに臨んで命を落としたことは残念であろうが、この戦役において一番に戦死したことはロシアの海軍歴史の上に永世不滅の名誉を輝かしたことであろうと思う。私はここに追悼の意を表してもって大将の霊を慰める」

金子堅太郎のこの言葉は、武士道精神の表れとして、アメリカの新聞に取り上げられることとなり、それは非キリスト教国で黄色人種の日本人が、信頼に値する価値観を持っている事の一つの証とされた。

世界に「トーゴー」として知られる東郷平八郎のエピソードも、一つ紹介しておく。

日本海海戦でのロシア将兵捕虜は六〇〇〇人におよんだ。

海に投げ出された多くのロシア将兵を、懸命な救助活動で救った日本軍の様子は、戦時国際法を徹底して守ったとして、西欧の国から賞賛を浴びた。

その捕虜の一人に、バルチック艦隊司令長官、ロジェストヴェンスキー提督がいた。

佐世保海軍病院に収用された提督を、東郷平八郎が見舞いに訪れた。

枕元のいすに腰かけ、顔を近づけて提督に語りかけた言葉は、長い遠征を成功させたものの、武運つたなく敗れた提督への思いやりにあふれていたという。

ロジェストヴェンスキー提督は、のちに涙しながらこう語った。

「敗れた相手が東郷閣下であったこと。それが私の最大の慰めです」と。

「ノギ」こと乃木希典についてもさまざまなエピソードがある。

旅順陥落後、ロシア軍司令官ステッセリが、近郊の水師営で行われた降伏式に出席し、両国はここで停戦条約を締結した。

このとき乃木は、ステッセリに帯剣を許し、武装解除を求めなかった。

それは当時の国際常識から見ても、敗者に対してあまりに寛容な態度であった。

さらに、アメリカのニュース会社が、降伏式の様子を撮影したいと要請したが、乃木はこれを断っている。

「敗者に恥辱を与えず」という思いからだった。

式の後、日本とロシアの指令官たちが相並んで記念写真を撮っているが、世界に発信されたこの写真は、乃木希典の顔に悲しみが宿っているとまで評され、勝者と敗者の境など存在

中央左が乃木希典大将、右がアナトーリイ・ステッセリ中将

しないかのような、それぞれの姿と表情に驚かされる。
「戦勝、以葬礼処之（戦いに勝てば、葬礼をもって之に処す）」
つまり、勝者はまるで葬礼の席に臨むように、惻隠の情を第一として敗者を迎えるべきだとする老子の教え、そのままの姿だと語られている。

近代史最大の変化を世界にもたらした日露戦争。

なぜ日本が奇跡とも言える勝利を収めることができたのか？

それは、科学的思考を大切にし、敵にすら思いを馳せ、勇敢に戦い抜く。そんな今に続いているはずの日本人の本性がもたらした勝利ではなかったろうか。

そして、信頼を重んずるという、数千年来の日本人の精神文化もまた、日本を勝利に導いた一つの力だと思える。

当時の世界中の人々の眼に映った日本人は、どの国民よりも立派だったのだ。

世界のなかの日本の信頼を一気に高め、日本を一等国、世界五大国へと導いた日露戦争。私たちが語り継がなくてはならない歴史である。


奇跡という言葉があるね。奇跡なんて簡単には起こらないよね。

日本が誰も考えられない勝利を手にしたのは、みんな「未来」を考えて、未来の日本のために凄い準備をしたからだよ。そして一人ひとりが自分の責任を果たそうと、真っ直ぐにわが身をすてて、立派に戦ったからなんだ。

日本人の勇気、勇気を支える知力、そして戦っている相手にまで思いやりを示す優しさ。新しい技術に即取り組む好奇心、熱心さ。

世界は白人中心に動いていた。白人の植民地とされていたアジアの人々は、そんな日本人に人間の理想、モデルを見つけたんだと思うんだ。

日本の勝利によって、アジアの人々は勇気を持ち、やがて、独立の気運が高まっていったんだ。

一方、欧米の大国は、一気に日本人に警戒心を持つようになった。

その警戒心が四〇年後の大東亜戦争につながっていくんだよ。

二〇世紀のはじめに大国ロシアを破った日本は、君も知っているように、二〇世紀の終わりには科学技術と経済で世界トップグループを走ることになるんだ。

今度の日曜日に戦艦三笠を見に行こうよ。

そう、連合艦隊、東郷平八郎が乗っていた三笠をね。

第3章　一九五八年　ダットサン210北米上陸――挑戦し続ける気力

父さん、アメリカに出張に行くたびに何に驚くってね、アメリカで走っている車の四〇%以上が日本の車だという事なんだ。

フリーウェイ、うん、高速道路のことだけど、右を見ても前を見ても、トヨタ、ニッサン、ホンダ……。まるで日本にいるのかと思い違いをするほどさ。

自動車はね、アメリカ人のヘンリー・フォードが実用化したんだ。だから、自動車はアメリカ文化そのものとアメリカ人は思っているんだ。

戦争に負けた日本では、しばらく飛行機や自動車の生産はアメリカによって禁止された。日本が二度と兵器を作って戦争相手にならないようにするという理由でね。

でもね、一九四九年に規制が解除されてからわずか九年後に、戦勝国で自動車王国のアメリカに車を輸出しようとしたんだ。

それは、大巨人に挑む三歳児、そんなイメージだったのかな……。

そのころの日本には、高速道路なんてなかったんだ。

フリーウェイを時速一三〇キロでぶっ飛ばすアメリカの車。父さんの世代はアメ車、なんて言ったけど、そのスピードの流れにも入れない、そして止まれない……当時の日本車はそんなレベルでしかなかったんだ。

でもね、日本はそれから二〇年も経たないうちに、アメリカ市場でトップシェアを奪うことになるんだ。

君はどうして日本車は世界一の自動車王国でトップの存在になったんだと思う？奇跡じゃないかだって？　いや、決して奇跡なんかではなかったんだ。

それはね、一度挑戦すると決めたら努力を惜しまない、日本人の持つ気質に秘密があったと父さん思っているんだ。

弁当という箱庭

『「縮み」志向の日本人』という本がある。一九八二年に韓国人の李御寧氏が書いた本だ。日本人の特性を、「縮める」、「畳む」、「詰める」、そして「見立てる」という生活観や人生観から分析し、発売当時から様々な評価を得た本だ。

確かに日本人は、「縮める」ということにかけて、独自の才能を持っているといえる。支那から伝わったうちわを元に、折りたたみ可能な「扇」を作り出したのは、その代表例とも言え、「折りたたみ傘」という便利な携帯品を実用化したのも日本人だ。

弁当は、近年アメリカでも急速に普及していて、街角やスーパーマーケットで「ＢＥＮＴＯ」という文字をしばしば目にするようにまでなっている。

小さくする。縮める。畳む。詰める。

そこから生まれるかわいいらしい雰囲気を、日本人は昔から愛してきた。清少納言も『枕草子』にこう書いている。

「なにもなにも　ちひさきものはみなうつくし」

小さなものは、どんなものでもすべて美しいという意味で、いま風に表現するなら「カワイイ！」とでもしたものだろうか。

近年、世界は日本食、日本料理の影響を強く受けている。

「日本は世界一の食の都」それは定評と言ってよい。

日本の料理人はひとつの素材をじっと見つめ、熟知し、思いを込めてその味を完成に近づけていく。そのことを「自分自身の成長」に見立て、料理という一事に自分の人生までも詰め込み、技術を磨き上げていくことを喜びとする。

「この出汁の中には、自分の人生そのものがつまっている」そのような言葉を子に伝え、代を重ねて一つの味を追求する姿は、決して珍しいものではなく、日本の料理界で多く目にすること。

自分の人生を振り返って、何を残せたか、次代に何を手渡せたかに思いを馳せる日本人。

自分の人生を何かに見立て、何かに換えようとする、人生哲学。

過去をふり返ると、そのような哲学を胸に生きてきた先人たち一人ひとりの思いの結晶が、日本の歴史そのものを作り上げてきたということを実感する。

君にも、そのことは知っておいて欲しい。

敗戦からの脱却

現代のアメリカにおいては、日本車の占有率は四〇パーセントを超えているが、モータリゼーションを最初に生み出したのは、一九〇八年にアメリカ人のヘンリー・フォードが開発したT型フォードだ。

それまでも様々なタイプの自動車が、各国で考案されていたが、世界で初めて量産車として成功を収めたのがT型フォードだった、

その後、モータリゼーションは、全米で瞬く間に発展していった。

国土が広大で、自動車なしには人々の生活が成り立ち難いお国柄だけに、いわば当然の流れだった。

T型フォード誕生の二年後の一九一〇年には三万五〇〇〇台が、一九二七年までの一九年間では一五〇〇万台以上が生産され、アメリカ国内を中心に走り回っていた。

驚くことに、現代の自動車の基本技術や様々な機能は、一九四〇年頃のアメリカでほぼ完成されている。

オートマチックトランスミッション、パワーウィンドウ、パワーステアリング、カーラジオ、これらが一九四〇年代に当たり前だった事には驚く。

写真は一九三〇年代のＧＭの雑誌広告だが、まるで明日の新聞に載っていてもおかしくないほど素敵なイラストではないか。アメリカ人の自動車に対する憧れも、三〇年代にはすでに成熟していたことを感じさせる広告だ。

一方、日本の戦前の自動車業界はと言うと、トヨタがせいぜい年間五〇〇〇台のトラックを作っていた程度だった。

大東亜戦争の敗北によって、この数字はさらに大きく落ち込んでいく。

一九四七年版の『自動車年鑑』によると、一九四〇年を一〇〇とすると、一九四六年の実動可能な自動車数は、トラックが四六、乗合自動車が三五、乗用車は一八という悲惨なありさまで、日本の自動車業界は、戦争でほぼ壊滅状態となっていた。

戦後、連合国側には、日本には絶対に近代工業を再開させないという意志があり、航空機の生産と研究は全面的に禁止され、自動車の生産すら制限された。

一九四九年までに許されている乗用車生産台数は、わずか年間三〇〇台以内とされていた。

この制限令は、一九四九年一〇月に撤廃されるものの、当時の日銀総裁であった一万田尚登氏はこんな発言をしている。

「日本はアメリカ車の中古を使えばいい」

「国際分業の建前から言って、日本で自動車産業を育成しようと努力することは意味をなさぬ」

いまの私たちには、とんでもない暴言にも聞こえるが、終戦からわずか五年後というこの時点で、日本が近代工業国家として大躍進することなど、とうてい考えにくいことだったのだろう。

多摩大学名誉教授・野田一夫氏はこう嘆いたという。

「日本は戦後東南アジアに自転車を輸出するくらいしか許されない。もはや技術の頂点である飛行機の設計も生産もできない。そんな状態で工学を目指しても甲斐はない」

自転車くらいしか輸出できない日本が自動車王国アメリカに取って代わる。

そんな未来を予見した人間は、皆無に等しかったのだ。

時代の先を見つめる技術者たち

しかし、そんな時代にも、日本の自動車産業に希望の光を見ていた人物がいた。

トヨタ自動車の事実上の創設者豊田喜一郎氏だった。彼は商工省のヒアリングのなかでこう答えている。

「日本の自動車工業は存続を許されたものの、今後の競争は鮮烈になると思う。しかし、飛行機製造が全廃されたことにより飛行機で腕を磨いたエンジニアが多く入ってきている。いますぐ外国の車に近づけなくても、あと数年すれば必ず太刀打ちできると思う」

航空機産業の技術者に、自動車業界で技術を活かしてもらえれば、きっとそれは可能なはずだ――。

豊田喜一郎氏はそう考え、職を失っていた航空技術者たちを大量に雇用した。

その一人に、東京大学航空科を出て、立川飛行機に入社、空気力学を極めた長谷川龍雄氏がいた。彼は一九四七年の時点で、

「資源のない日本は、いつか輸出で食べていかなければならなくなる。外国に車を売るなら、ハイウェイを走ることを想定し、空気力学に基づいた設計を行うことが絶対に必要だ」

と語っている。

長谷川氏は、一九年後の一九六六年、戦後最大の名車と名高い「カローラ」の開発主査を務めることとなる。

先を見る。遠くを見る。

未来の国の在り方を考え、自分の進むべき道を探ろうとする日本人の特性は、壊滅的敗戦によっても失われていなかったのだ。

確かに日本は自他ともに認める自動車後進国だった。しかし、トヨタ、日産など、多くの国産メーカーが自動車の未来を確信し、世界と戦える車を作ろうと開発に邁進した結果、一

九五〇年代後半、日本車は幾多の試練を経て、ついにアメリカ本土に上陸することになる。

ダットサンの挑戦

ダットサン２１０は、一九五八年ロサンゼルス・ウェストミンスター港に陸揚げされた。

「何というか、前世紀の遺物のような、日本の、ほら、いるでしょう、チンという犬。あんなチンクシャの顔で……」

当時、日産車の輸入業務をしていた丸紅飯田の担当者は、第一印象をそう語っている。

スタイルはまだしも、最大の課題は車の基本ともいえる走行性能にあった。

アメリカでは、フリーウェイ網がすでにくまなく張り巡らされ、走行速度は時速八〇マイル（約一三〇キロ）が当たり前の状況だった。日本には高速道路などできておらず、「日本の道路は信じがたいほど悪い」と、一九五六年にアメリカから来た、道路事情の調査団にそう書かれるありさまだった。

当時の日本では、国道ですら舗装率は二三パーセント前後でしかなく、雨がふれば泥道が当たり前の世界。

1958年海外向けカタログ。輸出初年度のアメリカ販売台数はわずか83台

ダットサン２１０が優位に立てる性能は、悪路日本で培ったフレームと足回りの頑丈さだけしかなかった。

想定していた最高速度は時速九五キロ程度で、そんなダットサン２１０は、加速も悪く、フリーウェイに入ることすら難しい状態だったという。

やっとフリーウェイの車の流れに乗れても、日本で経験したことのなかった高速巡航運転に、日本人ドライバーは、緊張と恐怖でのどが渇き足は痙攣したともいわれている。

頑強なはずの車体も次々にその弱点を露呈していった。

日本の道路ではできない高速巡航は、フリーウェイでの走行がテストそのものだったのだが、当時のテストドライバーは、「高速で急ブレーキをかけたら、タイアがロックしてしまってね。前の車に追突したこともあった」と語っている。

ドライブシャフトの強度不足からか、車体が激しく揺れる振動にも悩まされ、ある時など、その振動のあまりの激しさか、走行中にボンネットが突然開きドライバーの視野をふさいだ事もあったという。

今も残されている後部座席から撮影されていたフィルムには、突然開くボンネットと、驚愕のあまりハンドルから両手を離すドライバーの姿が映っている。

何もかもが準備不足で、とてもアメリカという国で戦える状態ではなかったのだが、敢えて自動車王国で、日本が敗れた技術大国アメリカに、日本車を輸出するという事に大きな意味を求めたように思える。

ロサンゼルスの街中にあった、日系人の経営する自動車修理工場を基地とし、調整してもらってはフリーウェイへの挑戦をくり返すダットサン210。

日本犬のような表情には、どこか哀愁が漂っているようにさえ感じる。

元同盟国との競い合い

そんなある日のこと。

ロサンゼルス郊外、ベーカーズフィールドの長い坂道で、ダットサン210はいつになく快調にテスト走行を行なっていた。するとその横に、西ドイツの誇るフォルクス・ワーゲンが並走してきた。

フォルクス・ワーゲンは、その頃、全米で爆発的人気を誇っており、購入者はつねに予約待ちの状態だった。

テレビのCMでは、毎日、その日に配車される予約の番号が映し出されるほどの人気で、日産駐在員にとって羨望の的であった。

そんなフォルクス・ワーゲンと、ベーカーズフィールドの長い坂道で並走状態となったダットサン210。

二台の間で、「どこの車だ?」「日本だ!」といった大声でのやり取りが交わされ、それから二台は競い合うかたちとなった。

ワーゲンが前に出る。

ダットサンが抜き返す。

何度か抜きつ抜かれつを繰り返したものの、ついにダットサンはワーゲンを抜き去りそのまま勝利したのだ。

その夜、日産駐在員たちは、東京本社に電報を打った。

「ワレ　フォルクスワーゲンニ　カテリ」

その電文を打つ日本人。受け取る日本人。焼け野原と化した大敗戦から未だ一三年の事だった。

純粋にアメリカ、ドイツとの大きな技術格差に一心に挑み追いつこうと奮闘する日本人の姿に父さんは感動を覚える。

その後もチューンアップを重ね続けたダットサンは、翌年、東海岸ニューヨークへの進出も果たすのだが、歴史上日本車のニューヨーク初見参だったと言ってもよいだろう。

その年のニューヨークを記録的な大寒波が襲った。

ニューヨークの冬は例年でも寒いのだが、十分な寒冷地試験を行っていなかったダットサン２１０は、ここで大きな試練を迎えた。

駐在員たちのもとにオーナーたちから「エンジンがかからない！」との苦情が殺到してしまった。

どう対応したらいいかを、日本の本社に問い合わせると、仰天するような回答が返ってきた。

「オイルパンのところにロウソクを一晩中燃やしておくと起動しやすい」

駐在員たちは一応に声を失った。

彼らの目の前には、同じ条件下なのに、簡単に一発でエンジンが始動するアメリカ車があるのだ。一晩中ロウソクで温める？　そんな非現実的な話を、大事なお客様であるアメリカ人オーナーたちにはとても言えなかった。

そこで彼らはあるアィディアを思いついた。

それは、早朝のエンジンスタート出張サービスだ。

ヤカンにいっぱいの熱湯を入れ、オーナーが出勤する数時間前に駆けつけて、ダットサンのエンジンに熱湯をかけ始動させておく。そんなアナログなサービスだった。

そのサービスには、駐在員の家族も駆り出されたといわれ、エンジンを早朝始動させ、通勤を円滑にと走り回る日本人の姿は、ニューヨーカーたちに好感を持って受け入れられたという。

信頼が信頼を生む

アメリカにおける現在の日本車の優位が、先人たちのどれだけの苦労と涙の結晶であるかは想像に難くない。

ダットサン210の、これらのエピソードも大切に語り継ぐべき、私たちの歴史のひとつだといえるだろう。

当時の日本人は、日本車を単に売ろうとしたのではないとは感じないだろうか？　敗戦で失われた日本の信頼、自信、未来。

そのすべてを再度手にするための一歩を刻もうと、それぞれの立場の人間が考え、精一杯行動したと、父さんは感じる。

戦争に敗れても、つねに未来を見つめ、健気に生きる。

そんな人々が紡いだダットサン210の物語も、歴史という大きな流れで見れば、いまから、ほんの少し前の出来事でしかない。

彼らの物語には、自分の人生を日本の未来の信頼へ「見立て」るという、日本人らしい思いが詰まっている。

今現在、トヨタ、日産、ホンダなど日本の自動車は、世界のどこでも見かける、グローバルスタンダードとなった。

メーカー別生産台数を見ても、二〇一二年にはトヨタがアメリカGMを抑えて、世界一になっている。

私たちが、今受け継いでいる世界中からの信頼も、先人たちの思いと行動の上に築かれていることを忘れてはいけない。

また、その信頼がよりゆるぎないものになるよう、私たちも日々を真剣に生きたいものだ。


どれだけ多くの人たちが夢を見ただろう。うん、アメリカのフリーウェイを疾走する日本車の姿をね。

そして思うんだ、今のような自動車大国の日本を、きっと心の片隅に描いたろうって。

気概という言葉をどうか覚えておいて欲しい。

よし、やってやろう！　きっと自分にもできる！

そんな決意を意味するんだよ。

あの頃、私たちの先祖はアメリカという自動車王国に挑戦した。

そして呆気にとられるほどの実力の違いを一つひとつ丁寧に解決した。

夢というハードルを下げずに、きっとできると、目の前の事に全力でぶつかって行ったんだよ。

戦争で叩きのめされた、その相手国に対して。

父さんはね、アメリカで走っている日本車を見ると、なぜか、涙がでる時がある。敗戦から一〇年ちょっとでアメリカに挑んだ自動車技術者たち。やがて自動車大国日本をつくった人たちがいる。

この今の日本は、君のおじいさん、その又おじいさんたちが、もの凄い努力をして創ったんだ。

そんなことを考えると、心の奥が熱くなるんだ。

それにしてもダットサン２１０、とってもカッコいいと思わないかい！

第4章 一七〇三年 赤穂浪士討ち入り事件——法を重んじる文化

毎年暮れになると、定番の時代劇が放映されるよね？

えっ、知らないって？ 忠臣蔵だよ！

忠臣蔵って何かって？ 分からない？ 大石内蔵助もかい……？

たぶん日本人が一番好きな時代劇だよ。無念の死を遂げたお殿様の仇を討つために、四七人の家来たちが、一致団結して苦労を重ねながら……。よくある話だって？ うんそれは、毎年冬になると忠臣蔵の物語をテレビや映画でやるからだよ。

仇討ちがどうしたかだって？ そうだよ、成功するんだ。ええっ、その四七人は出世したかって？ いやいや、全然。正しくは四六人だけど切腹させられたんだよ。お墓は品川泉岳寺にあるよ。

そうだね、お殿様の仇討ちに成功したら、武士としての鑑。君の言うとおり、切腹はおかしいよね。

君がこの前言っていたよね。なぜ日本人は、アジアの片スミの小さな島国なのに、先駆けて大国になったのかって。

理由の一つはね、この忠臣蔵にあるんだ。四六士の仇討ちは江戸中で熱狂的に賞賛された。多くの人たちは、正にそれぞ武士！　と感動したんだろうね。

でも、幕府は切腹を命じた。

なぜかって？

それは法を犯したからなんだ。もちろん、武士としては立派じゃないか、切腹などとんでもないという意見もあった。でもね、幕府はそんな名誉より、法を守る姿勢を示したんだ。

日本という国は一八世紀当時でも法を大事にした国で、それは、一時の人気や情けや感情に左右されない強固な文化だったんだよ。

その法を守る姿勢が、明治以降、世界の信用を得た一番の理由だし、国が安定した一番の理由だと、父さんは思うんだ。

江戸の御法度

日本は昔から法を守ることで定評のある国だった。

一七七五年（安永四）から一年余り日本を訪れた、植物学者で医学者のスウェーデン人のツュンベリーは、日本の法治体制について、次のように断言している。

「法が人の身分によって左右されず、一方的な意図や権力によることなく、確実に遂行されている国は他にない」

江戸期の法治体制を特徴づけていたのは、身分によって左右されないという点だった。士農工商という身分制度が定められていたことから、「士」が至上とされていたのでは、と思われがちであるが、法の下においては、四民（士農工商）はあくまでも平等だった。「切り捨て御免」という言葉をよく耳にし、時代劇でも罪もない町人をバッサリ切り捨てるなどの場面が見られるが、現実は稀な事で武士の特権だったとされるこの法律も、ほとんど行使されなかったという。

町人側によほどの落ち度があった場合にのみ適用され、いざ切り捨ててしまうと、関係各所への届け出と、二〇日間にも及ぶ謹慎などに加えて、町人の落ち度を証明する証人も不可欠で、調べにより不当な行為だとなれば、家の取り潰しもあるなどの厳しい制約があった。

「切り捨て御免」とは、名誉的な特権だったのだろう。

江戸時代というのは、誠に不思議な二六五年間で、戦国時代と違って、戦のない江戸時代では、支配階層であるはずの武士は、禄高も減り節制と自制を生きる規範として、非常につつましく生きており、富は商人が蓄積し、平和の中で町人たちは文化的にも豊かになっていった。

そんな、他国ではまったく考えられない、富と支配が分離する二重構造が存在していた。

それが、江戸時代の特殊な身分制度、「士農工商」だった。

日本人はなぜ忠臣蔵が好きなのか

一七〇二年、元禄一五年一二月一四日。

降り続く雪の中、赤穂の浪士四六人は、高家筆頭吉良上野介の屋敷を急襲し、その首を挙げ見事主君の仇討ちを果たすという、ご存知、四六士の討ち入り、忠臣蔵の物語。

ちなみに、赤穂浪士は四七士と称される事が多いのだが、四七士の一人とされる寺坂信行という元足軽浪士の行方がわかっていない。

結集して討ち入る前に逃げた説。討ち入りを果たしてから、泉岳寺に向かう時に逃げた説。はたまた、大石内蔵助からの密命を受け生き残ることを選択し、討ち入り後に姿をくらましたなど、諸説あるのだが、本書では、居なくなったとされる一人を除いた四六士として話を進める。

さて、四六士が吉良の屋敷に討ち入ることとなる、一年一〇ヶ月ほど前の、一七〇一年（元禄一四）三月一四日のこと。

江戸城に、赤穂藩三代目当主の浅野長矩が、馳走役として天皇家からの勅使を接待するために登城していた。

その浅野長矩が、あろうことか、抜刀の禁じられている城内、松の廊下にて、突然刀を抜いて指南役である吉良上野介に襲いかかった。

理由には諸説あるのだが、勅使の接待役を拝命した赤穂藩藩主である浅野長矩と、その接待の儀式を教える立場の、旗本で浅野長矩よりも武士階級では目下であるが、官位は上の吉良上野介の間で、個人的ないざこざが原因の遺恨であったとされる。

殿中江戸城内での抜刀は重大な違法行為とされている。

まして、勅使を迎えるという大切な日の出来事だったこともあり、五代将軍徳川綱吉は、十分な調査をする事なく即日、浅野長矩に切腹を命じた。

歌川國貞画　仮名手本忠臣蔵　十一段目前

この顛末は、すぐに江戸中に知れ渡る事となり、多くの江戸庶民も浅野長矩や家臣たちに同情し、幕府の処分に憤慨した。

　それだけに、翌々年に断行された四六士たちの仇討ちを、庶民たちは熱狂的に支持したのだ。

　早朝、輝く雪の中を、元家老・大石内蔵助良雄を先頭に、隊列が主君の墓へと向かっていく光景は、見ることが叶うならば一幅の名画のようであったろう。

　元禄太平の世に示された、武士の美しい姿がそこにはある。亡き主君の仇を討つべく、様々な困難、貧窮に耐えた二一ヶ月。見事にその責を果たしたのだ。

　いまも一二月になると、毎年歌舞伎やテレビで忠臣蔵が上演され、二〇一〇年にも映画

『最後の忠臣蔵』が制作され好評だったと聞く。

時代が変わっても、三〇〇年前にもなるこの物語は、日本人の美意識に強く働きかける力を持っているのだろう。

大石内蔵助は、切腹の際にこんな辞世の句を残している。

「あら楽し　思いははるる　身は捨つる　浮世の月に　かかる雲なし」

ああ、やっと思いも果たして、楽しい思いで一杯だ。あとはこの身を捨て死ぬだけだ。何の未練もないぞ。

武士として名を立て、本分を果たした清々しさと潔さにあふれている句だ。

討ち入りから二ヶ月後、浪士たちは切腹を命じられるが、四六人に対する死刑宣告には、やはり大きな議論があった。

武士道から見ると、浪士たちは元主君の恨みと思いを果たし、いわば義の武士。武士としての名誉を果たした忠義の武士たちと言える。

徒党を組んで要人を暗殺したという事象だけみれば、明らかな違法行為であるが、武士としての道徳を忠実に果たした四六人を、単純に法に照らして裁けばよいのかという反問が、元禄の世を揺さぶったのだ。

江戸の歌舞伎場である中村座で、『曙曽我夜討』（あけぼのそがのようち）という演目が上演されたのも、浪士たちの切腹からたった一二日後のことだった。

しかし、開演わずか三日で当局から上演を差し止められてしまう。明らかに赤穂四六士の仇討ちを題材とし、幕府の処分に対する批判も感じられる内容だったから、という理由だった。

四六士の一人、大高源吾は、討ち入り前に母への手紙をしたためていた。

「此の上、前後を見合わせるのは、武士の本意ではなく、取るべき態度でもありません。武士の道を立て、主君の仇を討つだけであります」

武士という階層が生まれて七〇〇年。

その歳月の中で、武士たちの最上位の思いは「名誉を重んじること」となっていた。

「名こそ惜しけれ」という言葉にも、名誉を大切にし、名誉をすべての判断基準とした武士の価値観が表れているのだ。

赤穂の武士たちが考える一番の「名誉」とは、主君の無念を果たすことにあったに違いない。

ただ、七〇〇年に及ぶ名誉という武士の価値観も、法を超えることはできなかった。

四六士の切腹という処分には、厳重な法治国家を目指す幕府の意志も込められていたのだ。

禁断の書『葉隠』とは

同じ頃、九州・肥前藩の一人の老武士が、武士としての心構えを一冊の書にまとめようとしていた。

『葉隠』という書である。

隠居した武士、山本神右衛門常朝による『葉隠』は、大東亜戦争の敗戦後、日本人を誤らせた思想とされ禁書とされた。それは、

「武士道と云ふは死ぬ事と見つけたり」

この一文だけがクローズアップされ、特攻、玉砕等、意味なくただ死ぬ事を美化し日本人を戦争の狂気へ導いたと考えられたからだ。

しかし、『葉隠』を通読すれば、それは表面的な理解にすぎないと気づくはずである。

たとえば「朝毎に懈怠なく死して置くべし」という言葉が出てくるが、毎朝毎朝、死んだ自分、死に瀕した自分を想像し、いつ死んでも恥ずかしくないように身の回りを整え、今日一日を人生最後の日、最高の日とするように、という意味がある。

この心構えは、現代の私たちにとっても大切なことではないだろうか。

人間にとっての一大事とは、死を眼前にした時に違いない。

その時に決して取り乱すことなく、正しい判断を下せるようにすべきだと、この言葉は教えており、決して死の賛美などではない。

東日本大震災が起きた二〇一一年三月一一日。

私たち日本人は、「命よりも大事な物もある」という一事をたくさんの尊い犠牲から教えられた。

命より大事な物。などと言えば、反論はあるかもしれない。

確かに、命ほど尊い物はないだろう。

命をかけてでも守り抜かなければならない物が人間にはあるようだ、と言うべきだろうか。

命をかけてでも守り抜くべき物。それは愛する人であり、弱い人であり、美しい故郷であったりもするだろう。

東日本大震災でも、数多くの公務員が大津波の迫る中、忠実に自分の職務を果たし、できるだけ多くの人々の命を救おうと大波にのみこまれていったという。

「公」という言葉がある。

広い意味で考えれば自分を犠牲にしてもより多くの人々、世の為人の為の役に立とうとする意識や心なのだと思う。

『葉隠』を著した山本常朝は、士としての生き様、そして死に様を深く語っている。どんな生を大切にし、何をこの世にかたちとして残すべく生きるのか――。

それは武士にとって、「名誉」に他ならないのではないかと書き綴っている。

戦うことを本分としている武士は、死の瞬間の理想の姿を常に思い描き、その時の、自分の行動に間違いないようにと日々想像する。

そうでなければ、戦闘時に組織にも迷惑をかけてしまうだろう。死を恐れすぎれば正しい所作が取れず、いざという時に誤った動きに出て、仲間の命にまで迷惑をかけることもある。

『葉隠』には、こんなことも書かれている。

「常住死身になりて居る時は、武道に自由を得、一生落度なく、家職を仕果すべきなり」

つまり常に死を前提として暮らしていれば、いざという時に死を恐れることなく武術の技も自由に発揮できて役割も果たせる。

山本常朝が語る「士」とは、そういう人たちの事だった。

その常朝が、赤穂浪士四六士の事件を次のように批判している。

「浅野長矩公が切腹した時に、共に切腹しなかったのは落ち度ではないか。そして吉良を討つまでに時間がかかり過ぎだ。もし、吉良が病死でもしたら残念では済まないだろう」

赤穂浪士に対する幕府の思い

四六士の討ち入りから切腹までの経緯で、論議の中心にあったのは、名誉という個の道徳が、公の法を超えてよいのか、という点であった。

「私論を以って公論を害することがあっては、この先、天下の法は成り立たない」

儒学者の荻生徂徠は、四六士の行為を法という視点からのみそう論じ、幕府の評議を切腹へと導いた。

浅野長矩公は、勅使接待という大切な公職に就き、まさにその日、吉良上野介に私憤で刃を向けた。とすれば、そこに「義」はなかった。

「義」のない名誉を結果的に貫くよりも、第一に優先させるべきは「公」であり、武士という江戸時代の支配層の思考を、より近代化させる役割を果たしたのが、四六士の討ち入りと、それに対する切腹という処断だったのではないだろうか。

桜の散る春の日に主君の後を追い、粛々と死に就く四六人の武士の姿。それは武士への尊敬心と、名誉を守ることの大切さを、逆説的に大衆の心の深層に埋め込んだようにも思える。

四六士は、浅野長矩公の眠る、江戸の高輪泉岳寺に葬られる事となる。

泉岳寺は浅野家の菩提寺で、一六一二年、徳川家康によって創建されており、いかに主君浅野家の菩提寺とはいえ、公法に反した犯罪人たちが、四六人も、家康創建の寺に葬られたのは腑に落ちない。

幕府はなぜこのような事を許したのであろうか。

泉岳寺前の坂を南へ下ると、今でも石垣の残る旧跡に突き当たる。そこは高輪の大木戸跡だ。

高輪の大木戸は、江戸時代に江戸城下を警護するために作られた門で、東海道に至る門だったため、当時は江戸に入る旅人、江戸から西へ向かう旅人で混雑する要所であり、夜は厳重に閉じられていた。

その大木戸に程近い泉岳寺に四六士を葬ることを許した江戸幕府。

一説では、そこに幕府の「思い」があったとも言われている。

江戸の名所でもある泉岳寺の四六士の墓を発信元として、「忠義」の心を日本中に広めようとしたのではないかという見解だ。

確かにこの立地ならば、江戸に入ってきた旅人も、江戸を発ち故郷へと帰って行く旅人も、大木戸を通るついでに墓に立ち寄りやすく、線香を手向けることもできるだろう。

そして、故郷に帰り赤穂浪士四六士のことを土産話に語ったに違いない。

江戸幕府は、時代の基盤となる忠義の精神、ひいては幕府への忠誠心を、この物語を通じて全国に広めようとしたとも考えられる。

自尊と自律を本分とし、二六五年の長きに渡って「公」の存在であろうとした武士たちの姿は、明治以降もその思考は武士道という言葉で日本人の心の中心に宿されてきた。

赤穂四六士の物語と、ほぼ同時期に書き記された『葉隠』は、いまも私たち日本人の精神性に、大きく影響を及ぼし続けているのだ。


日本には世界でも古い歴史を持つ一七条の憲法があるよね。そう聖徳太子が制定したと言われているね。一四〇〇年も昔のこと。

うん、「和を以って貴しと為す」とかね。凄い事だと父さん思うんだ。

江戸時代の日本人は決まり事や規則を守り、それを当たり前として和を保とうとしてきたんだ。

農耕が中心だから集団生活を大事にしたし、一つの土地に長く住んで、顔なじみどうし争う事を嫌った面もあっただろうね。

明治になるまで、江戸時代の武士は、規則を守り正しく生きる見本だったんだ。

その武士にとって一番大切な義や忠よりも法が世を治めている、その事実を日本人は強く教えられる事になったんじゃないかな。

もちろん、忠義の美しさも、舞台や講談で改めて心深く刻む事にもなったね。その点で、忠臣蔵は日本人の心をいろいろな意味で揺さぶる物語なんだと思うんだ。

第２部　日本人の闘い

「日本は悪い国なの？」
毎年八月になると、
子どもたちが真顔でそんな質問をしてくるといいます。
確かに大東亜戦争は
アジアに大きな被害をもたらしました。
しかしなぜ、日本はアメリカと
戦わざるを得なかったのでしょうか？
それは二〇世紀の世界情勢の中で起こるべくして起こった
避けられない歴史の流れだったのです。

第5章　一八五三年　ペリー黒船来航——独立自尊の精神

日本は悪い国かって？　誰から言われたんだい？

そうか、もうすぐ八月一五日、終戦記念日だね。新聞やテレビを見ていてもそう思うかも知れないね。

確かに日本はアメリカやイギリスと戦争をして、そして負けたんだ。

その戦争はね、世界史的にみれば避けようのない戦争だったと父さんは思っているよ。

日本は白人大国ロシアとの日露戦争に勝って、いっきに世界の大国に追いつこうした。その事に一番警戒心を持ったのが、アメリカだったんだ。当然だよね。地球儀を見てごらん。太平洋をはさんで向かい合う、言わばアメリカは日本の隣国だよね。

一九世紀中頃から近代化を目指し、帝国主義、ちょっと難しい言葉だけど、植民地を持って豊かになる国を目指していた。

日本も植民地を作ろうとしたかって？

覚えていてほしいのだけど、一九世紀から二〇世紀の中頃まで、世界は二つの種類の国に分かれていた。それは、植民地にされるか、植民地を持つか、その二つしかなかったんだ。

日本は植民地にされない。そう選択をした。日本とアメリカは、共に広大な支那大陸を自分たちの利益の出る土地にしようと考えたんだ。

その頃の支那大陸は、王朝「清」が弱くなり、西欧諸国が争って植民地にしようとしていた。

その競争で、アメリカのライバルは日本。その日本がロシアに勝ち、支那大陸で優位に立った。日本はアメリカ唯一の植民地だったフィリピンにも近い。

警戒心はね、やがて嫌悪感に変わるもの。アメリカでは、日本人を黄色人種という理由で排斥するようになったんだよ。そして日本との将来の戦争計画を、日露戦争の頃から組み立て始めるんだ。それを「オレンジプラン」というんだよ。

日本はそのプランどおり大東亜戦争という激しい戦争に突入して行くことになる。

その長い戦争までの道を、話してみようか。

大ベストセラー『学問のすすめ』

『学問のすすめ』は、福沢諭吉が明治五年から明治九年までに一七編にわたって書いたものだが、累計三〇〇万部売れたと言われている。

当時の日本の人口は、およそ三〇〇〇万人なので、人口の一〇人に一人が買った計算になる大ベストセラーだ。

その書き出しは、多くの人が知る有名な一節から始まっている。

「天は人の上に人を創らず、人の下に人を創らずといえり」

人間は生まれながらにして上下はない。皆、平等に生まれてくる。

この言葉は初代アメリカ大統領、ジョージ・ワシントンによる、アメリカ合衆国独立宣言に触発されたものといわれている。

徳川幕府が倒れ新しい時代へと日本が舵を切る中で、人には上下がないのだ、との諭吉の書き出しには多くの日本人が希望を抱いた事だろう。

しかし、維新直後の日本人が『学問のすすめ』に熱中したのは、むしろその次の一節ではないだろうか。

「何故金持ちもいれば、貧乏人もいるのか？　貴人もいれば、下人もいるのか？」

その理由は一つの言葉に集約されていた。

〝学ばないからだ！〟

逆を言うならば、学ぶことで下人でも貴人になれるということにはかならない。

また、三〇〇〇万人の日本人は、いまこの時に学ばなければ、欧米諸国の奴隷として、日本は植民地にされてしまうかもしれないと、強い危機感を持ったことだろう。

福沢諭吉は、一八六〇年、日本船で初めて太平洋を越え、日米修好通商条約の批准の為、サンフランシスコへと向かう咸臨丸に乗り込んでいる。

サンフランシスコ、そしてワシントン、ニューヨークで米国民の大歓迎を受けながら、数知れない奴隷を見たことだろう。

その中には黒人だけでなく、同じ黄色人種の支那人が多数含まれていたはずだ。

一八五〇年代には、奴隷廃止論が語られるようになり、黒人奴隷に換わる働き手が求められ、黒人奴隷の代替として着目されたのが、中国・清の労働力だった。一八五一年から六〇年までの一〇年間でおよそ四万人がアメリカへと渡ったといわれている。

当時のニューヨークタイムズには、

「現在南部にいる黒人奴隷は二〇〇〇万人、中国人・苦力（クーリー）で置き換えが可能である。二億五〇〇〇万人の支那の人口からすれば、二〇〇〇万人は微々たるものだ」

そんな論評が載っている。

苦力、とは言っても、それはまさに奴隷そのものの扱いだった。

鎖国令

日本では、徳川幕府が一六三三年に鎖国令を宣し、諸外国との国交を遮断した。イエズス会のようにキリスト教の布教を口実に、他国を植民地にするポルトガル、スペインの脅威を感じたためとされているが、欧州の国としてアジアに進出したスペイン、ポルトガル、そしてオランダと諸大名が密かに交易し、力を蓄えることを恐れたからでもあった。

事実、奥州仙台藩主・伊達政宗は、スペイン人ビスカイを司令とする〝サン・ファン・バウティスタ号〟を編成し、メキシコからスペインへと支倉六右衛門常長以下六人を一六一三年に送り出した。

一六一四年、サン・ファン・バウティスタ号はメキシコ・アカプルコを経由し、一二月にスペインのマドリードに到着した。

目的の一つに世界の覇者スペインとの軍事同盟があったと言われている。

大航海時代の世界情勢、とりわけ激烈を極める帝国主義・植民地主義の実態を徳川幕府は敏感に察知していたのだろう。

もちろん、日本が鎖国を宣言しても、はいそうですか、と西欧が簡単に認めるものではなかった。

当時の日本は、「黄金の国・ジパング」として西欧諸国の憧れと欲望の対象だったからだ。マルコ・ポーロはモンゴル帝国、蒙古の大王フビライ・ハーンに一七年間使えた役人だったが、一二九五年に生まれ故郷である、イタリアのヴェネチアに帰国してから、伝聞を元にした『東方見聞録』を著している。

「この国では至る所に黄金が見つかるものだから、国人は誰でも膨大な黄金を所有している。この国へは大陸から誰も行った者がない。商人でさえ訪れないから、豊富な黄金はかつて一片も国外に持ち出されなかった」

一六世紀に至るまで、ジパングはとても辿り着く事ができない夢の国だった。それは未発達な航海技術と神話時代的な地図によるためだ。

当時はヨーロッパ、スペイン、ポルトガルのあるイベリア半島から東洋に至る海路は二つに限られていた。これらのルートはキリスト教徒である西欧人と激しく対立するイスラム教徒が支配しており、一つは、地中海アレクサンドリアから紅海を通りインド洋に抜けるルート。もうひとつは大西洋を南下、アフリカ大陸喜望峰を東へと進みマダガスカルからインド洋に向かうルートだった。

この二つのルートでポルトガル、そしてスペインはインド、アジア西地域に進出し、植民地にしていった。

大西洋から太平洋まで、最短距離で抜けられるルートは、南アメリカ大陸の南端のマゼラン海峡経由なのだが、当時は近道であるパナマ運河もなく、しかもマゼラン海峡には、帆船ではとても突破できない強い偏西風が吹いていて、正に死の海であった。

それに、この時代にあっては、太平洋は想像の海でしかなく、その存在すら実像として認識はされていなかったのだ。

一四九二年、スペインの女王、イザベラ一世の支援を受けたコロンブスは、黄金の国ジパングに向かうべく大西洋を西へ西へと航海に出た。

スペイン西方のカナリア諸島からジパングまでの距離は四三〇〇キロ。一ヶ月も前進すれば、黄金の国ジパングに辿り着くと、コロンブスはそうイザベラ女王を説き伏せ、ジパング、そしてアジアの世界へ航海に旅立った。それが当時の世界地図の常識だったのだ。

もちろんコロンブスはジパングに至ることはなく、彼が、アジア＝インディオスに辿りついたと錯覚したアメリカ大陸が、その行く手をふさいでいた。

大航海時代の太平洋の地図（オルテリウス作）

一四九二年、コロンブスの大偉業であるアメリカ大陸発見は、ジパング幻想が導いたものだった。

太平洋の発見は、一五二〇年一〇月サボロザ生まれのマゼランによる、マゼラン海峡通過を待たなければならない。

それまで、ジパングの影は、時々の遭難者が見るだけでしかなかった。イベリア半島から東に向かえば、まさに極東、東の果てにジパングはあり、植民地政策の一環として向かうには、遥か遠い国だった。

黄金の国ジパング。日本は偏西風に守られ、そして東廻りではあまりにも遠く、スペイン、ポルトガルの魔の手から守られ続けていたのだ。

大航海時代へ

コロンブスによるアメリカ大陸の発見は、フロンティアの発見であり、まったく新しい価値観が生まれる発端でもあった。

一五世紀のヨーロッパは、六〇〇年以上続いた中世の終末期にあり、疲弊感に沈んでいた。一四五二年、オスマン帝国メフメト二世が東ローマ帝国の首都であるコンスタンティノープルを攻略し、強大な権勢を誇った東ローマ帝国が、イスラム教徒によって滅ぼされたのだ。

当時の文明の中心であった地中海では、世界の富、知識が散逸し、折から続く冷害とも相まって、ヨーロッパは困窮し新しい時代の鍵を求め続けていた。

その閉塞感を吹き飛ばしたのが、アメリカ大陸発見だった。

物質文明の遅れた、近代武器を持たない後進民族が、大量の金銀とともに暮らす大陸は、ヨーロッパの地で行きづまっていた人々にとっては夢のような新天地であった。

一五三二年には、スペイン人のフランシスコ・ピサロがインカ帝国を攻略したが、わずか一八〇名の兵と二七頭の馬でインカ帝国へ進行。

三万人のインカ兵を蹂躙し、皇帝アタワルパをも殺害し、インカ帝国にあふれていた黄金を根こそぎ強奪している。

植民地主義の先鞭を切ったスペインの隆盛は、アメリカ大陸の発見と平和な後進民族の殺戮と強奪によってもたらされたものだった。

中世が終わり、一六世紀に始まる近世では、そのスペインが他国のモデルとなり、ヨーロッパ諸国を巻き込むグローバルスタンダードとなった。その後アメリカ合衆国となる大地は、植民地主義のモデル的大陸となっていったのだ。

アメリカ合衆国の誕生

フランシスコ・ザビエルが日本に到着したのは一五四九年だった。

知性と理性を兼ね備え、イエズス会のキリスト教幹部として日本をキリスト教によって教化するという目的を明確に持った初のヨーロッパ人の来日である。ザビエルは、日本で積極的に布教活動を進めるが、その彼を包みこんだのは、他の異民族が有しない日本人の資質に対する驚きだったという。

名誉を重んじて、不正を嫌い、清廉潔白である事を生きる流儀とする日本人。非キリスト教であり、有色人種でありながら、正義の規範を持ち、秩序立った社会を持つ日本に、ザビエルはいわば畏敬の念すら抱いたようだ。

ザビエルが日本に来る六年前、ポルトガルが鉄砲を種子島にもたらした。日本人はその西洋の最先端技術をたちまち我がものとし、紀州の根来衆は僅か二ヶ月で鉄砲を模造してしまった。

そして鉄砲が伝わってから僅か三〇年のうちには、日本は世界一の鉄砲軍事力を持つ国となり、当時の日本は最強の軍事国家だといっても過言はないだろう。

そんな日本の姿は、ザビエルの後輩たちが詳細に本国ヨーロッパに伝えていた。複雑な海岸線と地形。死をも恐れず名誉を第一とする国民性や最強の戦闘力を有する武士の存在も伝わっていただろう。

ヨーロッパからの遥かなる距離と共に、様々な条件で日本は簡単には植民地にできない国として、ヨーロッパの人の記憶に刻まれていった。

そのヨーロッパの覇権は、西アジアに植民地を広げたポルトガルと、新大陸アメリカを蚕食し続けるスペインが握り続けた。

しかし、大漁業国としてニシン漁で財を為し、海運国へと進出したオランダと、海賊の力、海軍の育成に力を入れ続けたイギリスによって、ポルトガルとスペインの二大強国は徐々に追われる立場へと立場が移っていく。

やがて英国民が北アメリカ大陸の移民の中心となった。北アメリカ東部は英国人の支配する土地となり、一七七六年アメリカ合衆国としての独立を宣言した移民達は、このときから「アメリカ人」となった。

当時のアメリカ合衆国の姿は、北アメリカ大陸のほんの一部を占有するだけの、ごく小さな国家としてのスタートだった

彼らは未開拓の大地フロンティアを求め、北米大陸の東海岸の片隅から、領土を西へ西へと拡大していく。先住していたインディアンたちを圧迫し、強制移住をさせ、戦いのなかで殺戮を繰り返しながら西進する。

途中、英国、メキシコ、スペインと戦いながら、西の外れのカリフォルニアに到達し、広大な太平洋に至ったのは一八四七年のことだった。

アメリカ人たちは、こうしてインディアン、ネイティブアメリカンたちの大地を「アメリカ合衆国」にしていったのだ。

太平洋を挟んだ隣の国

カリフォルニアから望む太平洋の、その彼方にあるのは、ヨーロッパの国々が争うように進出する支那大陸だった。

清国は、世界最大の人口と市場をもつ大国で、一八〇〇年代中頃の世界の人口は、推計で一二億人前後。清国の人口はその二〇～二五パーセントを占めると考えられていた。

貿易を経済の基盤とするために、当時のアメリカが次に目指すべきフロンティアが清国であることは、誰の目にも明らかであった。

太平洋を我がものとして、広大な支那大陸に進出する。

その清国を目指すとき、まるで「通せんぼ」をしているような、不思議な形の列島があった。

私たちの日本だ。

アメリカは海をはさんだ隣国なのだ。

帆船から蒸気船の時代になって、その隣国という環境がクローズアップされて行く。

当時は未だ近代化の途についていない日本は、太平洋を西へと横断してくるアメリカにとって、支那大陸への入口として大きな利用価値のある島である。東アジアへの進出で先行していた英国に対抗するためにも、大きな魅力を持つフロンティアの一部であった。すでに世界は蒸気船の時代が始まっており、石炭の補給基盤を広大な太平洋に持つ事は、太平洋を支配したいアメリカにとって緊急のテーマでもあった。

その頃、支那市場の主導権は、英国が握っていた。

一八四〇年代にアヘン戦争で清国を圧倒し、香港はすでに英国領になるなど港の多くを占有していた。

そのアヘン戦争が起こったのは、そもそも清国が当然の憤慨を起こしたからだった。世界の陸地の一〇パーセントを実質的に植民地としていた大英帝国。その植民地政策の経済的基盤は、産業革命によって可能となった大量生産商品の輸出にあった。

世界の国々に先んじて産業革命を成功させた優位性を発揮して、原材料を植民地から安く手に入れ自国で工業製品を生産し輸出する。そこに莫大な国富が生まれた。

しかし英国の貿易国の中で、唯一といってよい貿易赤字国があった、それが一九世紀中頃の清国だった。

清国は英国に、茶と陶器という強い輸出商品を持っていたためだ。

産業革命を成功させ、植民地政策をとって豊かになっていた英国の富裕層は、競って茶を飲み、その器としての陶器、装飾品としての陶器を買い漁っていた。

そのため清国は、英国にとっては数少ない貿易赤字国で、その赤字解消のために戦略的輸出商品と定めたのが、麻薬である〝アヘン〟であった。

中毒性が極度に高く、人を廃人化させる力を持つアヘンを年間二四〇〇トン以上も輸出し、貿易収支を黒字にする。そんな、現代では考えられない国策をとる国が、一九世紀の世界にはあった。

人としての権利、自由、生命、幸福の追求が認められるのは、白人だけだった。

清国政府は、度重なる輸出の禁止要請を無視する英国に業を煮やし、英国船への臨検を断行した。

そこから始まったのがアヘン戦争だった。

結局、清国は二年におよぶ戦いに敗れ、四つの港を開港することとなり、香港を割譲した清国は、一部とはいえ植民地にされてしまった。こうして英国は、マレーシアに続くアジアでの拠点を、東アジアにも手にすることになった。

開国を迫られた日本

支那大陸との貿易のために東アジアに拠点を築こうとしたアメリカは、英国が未だ盤石な影響力を持っていない日本にペリー艦隊を派遣した。

鎖国という国是を二五〇年以上も守り抜いた武力後進国であった日本。ペリー艦隊は、その門をこじ開けにやってきたのだ。

四隻の軍艦の使命は、次に目指すフロンティア、支那大陸への強力な足場を作るという、アメリカにとってきわめて重要なもの。一八五三年六月三日、アメリカ合衆国の特命艦隊はペリー提督に率いられて浦賀に姿を現した。

幕府はオランダを通し、アメリカ艦隊が日本開国を要求するためにくる事を事前に掴んでいたという。

その来航に対して浦賀奉行所は、鎖国の国法に則って、彼らに長崎へ移動するよう要請したが、ペリー艦隊は次のように言い放ったという。

「大統領からの国書を受け取らないのなら武力攻撃をする。負けた後、和睦を要請するときは、この二旒の白旗を揚げよ」

これは帝国主義時代の外交を象徴するエピソードだろう。

アメリカの戦略的なテーマは、日本に「貯炭場」という基地を造ることで、蒸気船の生命線は石炭だ。

天然の良港を多く持ち、石炭の生産国でもある日本は、そのための格好な条件をそなえていたのだ。

アメリカは、琉球、つまり沖縄にも着目していた。

将来的に、支那大陸の市場とアジアでの軍事的優位性を保つためには最適の島と判断し、浦賀に来航する前に琉球に立ち寄っている。

琉球政府の代表、摩文仁按司に開国の要請をしたが、本音は海軍基地の建設にあったのだろう。

江戸幕府の老中、阿部正弘に、翌年の再来日を告げて日本を離れた後も、ペリー艦隊は再び琉球を訪れ、軍事攻撃を予告したうえで、貯炭場開設を無理やり容認させているのだ。

開国の決定

鎖国を継続するか。

開国するか。

日本史上、最大の煩悶が始まった。

鎖国を続けるべきだと説く人々の理論は、「尊皇攘夷」と呼ばれ、天皇を政治の中心に置き、あくまでも日本の文化を守り、開国を要求する外国（夷）は打ち払え！　という考え方で、これはすなわち西欧と戦うという選択だ。

勝てるか負けるかではなくとにかく戦うという、相当乱暴な論理ではあった。

当時の日本は、確かに欧米からみれば、先進文明から遅れた国だったかもしれない。

しかし、それを単純に「遅れた」という言葉でくるのは、間違いだろう。

大きな蒸気船、鉄砲や大砲、産業革命から産まれた大量生産技術。

それらは、鎖国をして日本国内だけの経済圏で暮らし、内乱もなく外国との戦いなど考えた事もないそれまでの日本には必要ではなかった。それだけのことだ。

しかし、日本は突然そんな欧米の力と対峙させられた。もし戦えば、清国の二の舞になるに違いないと良識ある人々は理解していただろう。

翌年、ペリーは七隻の軍艦で江戸湾に再来した。

臨戦態勢をとる米艦隊に対し、幕府は日米通商条約の締結を決したのだ。

それは、二五〇年以上鎖国で閉ざしていた日本の門が、とうとう開かれるときだった。

ついに、日本は植民地主義＝帝国主義の大海に、自らが選択し乗り出したのだ。

そして、尊皇攘夷という思想は開国を選択した徳川幕府を急激に追いつめて行く。

一方アメリカでも、日本の開国と同時期に、南北二つに分かれて戦う「南北戦争」が勃発した。

世界の動乱の中で

アメリカの南部は、綿花栽培を基幹産業とし、その綿花を英国に輸出する。そこでは多くの黒人奴隷が農奴として働いていた。

それに対して北部は、工業化によってアメリカという若い国の未来を創ろうと考える地域だった。

南北戦争の「奴隷解放戦争」という看板は、そんな北部の代表リンカーン大統領が掲げた、農から工への一プロセスに過ぎなかった。

この戦争で、アメリカは七〇万人以上の戦死者を出したが、国内の新旧勢力の戦いという同じ意味を持つ日本の幕末の戊辰戦争の死者が約五〇〇〇名であったことと比べると、その戦いの非情さぶりが分かるだろう。

強引な開国を迫ったアメリカだったが、この南北戦争によって、遠い日本の侵略どころではなくなっていた。

そして、幕末の日本では、薩摩藩が英国と戦闘した。一八六三年七月二～四日、通称「薩英戦争」。この戦いで、英国は死傷者六〇名以上、旗艦ユーライアラスでは、艦長、副長が戦死しており、一七世紀以降、アジアの戦いで最大の損害と言ってもよい程であろう。

日本の侍の歴史は、既に一〇〇〇年近い歴史があり、武器は劣悪でも戦う気概に満ちていた。しかも極東の果てにある日本と戦うには、地理的に英国はあまりに不利であった。この国は容易に支配することはできない。植民地にするなどとんでもないと発想を転換し、逆に徳川幕府打倒の中心勢力として薩摩を支援する方針へと英国は変わっていく。

一方、フランスは、徳川幕府を支援しており、軍備の提供も申し出ていた。アジアに強固な足場を作りたいフランスの意図は明確で、資金、軍備を提供し、内戦を激化させてその隙にどこかの港を租借しようとでも目論んでいたのだろう。

幕府と薩長が戦えば、英仏の代理戦争になる状況で、もしその戦争が実現していたなら、どちらが勝ったとしても、日本の一部に「租借地」という名の植民地ができていたと考えられる。

国内の新旧勢力の内戦に乗じて、軍事的支配力を強める。これこそまさに、欧米の植民地支配の構造そのものと言えよう。

二一世紀になっても、どうやらその図式は変わっていないようで、他国を支配するには、まず反政府勢力に資金、武器弾薬などの軍備を提供して、内戦を起こさせている。

現在のどこの紛争地域でも同じ図式が見られ、「歴史の法則」とも呼ぶべき一つのパターンと言えるだろう。

江戸幕府最後の将軍となった徳川慶喜は、その図式を明確に理解していたようだ。

戦わずして、政権を天皇家に返還することを選択した。

いわゆる大政奉還である。

日本独立の最大の危機に、「私」よりも「公」を大事に考える権力者が、奇跡のように日本に存在していたのだ。

遠き隣国

日本とアメリカ。繰り返すが、二つの国家は太平洋をはさんで対峙している。

当時の日本とアメリカ合衆国の人口は、ともに三〇〇〇万人ほどで、ペリーに鎖国という門をこじ開けられた日本の三〇〇〇万人と、アメリカの三〇〇〇万人は、太平洋ごしに直接向き合うこととなる。

日本は、今に至る歴史のどの時期にも、東へ進みアメリカ大陸へ進攻する情熱や野望など持ったことはない。

太平洋は日本人にとって、あまりに広かった。

一方のアメリカは、フロンティアを求めて西へ西へと進むという使命感を明確に持っていた。彼らが世界最大の市場、支那大陸に次なる狙いを定めた以上、足場としての日本を開港させることも、彼らの大事な使命だった。

そして南北戦争で北軍が勝ち、国として工業化路線を突き進むことになると、アメリカはその輸出先として、より一層アジア、そして、世界最大の市場である支那大陸に興味を向けることになる。

太平洋の広がりと、その向こうにあるものを、それぞれに眺めることになった日米三〇〇〇万人の国民たち。しかし両者が見た風景は、まったく別のものだった。

支那大陸に膨大な市場を見つけた新興工業国家アメリカ、太平洋の東の彼方からやってきたアメリカ合衆国に帝国主義を見せつけられた日本。

日本は、植民地主義、つまり帝国主義の世界の渦を否が応にも直視することになった。水中から空中へと飛翔するトビウオのように、日本がそれまでの常識から飛び出して目にしたものは、西洋の列強たちが強さを競い合う、まさに恐怖の世界だった。

しかし、それは当時で言えば世界の常識でもあった。

植民地にされたくない。独立を守り抜きたい。

その恐怖心と愛国心が、明治という時代を生む原動力となっていたのだろう。

一方、太平洋というフロンティアに出会ったアメリカは、太平洋の彼方にある大市場である支那大陸と、その入り口としての日本という位置づけをしていた。

このころのアメリカは、「マニフェスト・ディスティニー」という言葉を好んで使っている。直訳すると「明らかな使命」という意味だろう。

アメリカ人は、ヨーロッパを出て西のアメリカ大陸に移住し、さらに西へ西へと向かい太平洋に辿り着いた。

もうアメリカ大陸にフロンティアはなく、あとは更に西へと向かい、太平洋をアメリカの海として支那大陸をアメリカの市場とする。それはアメリカの使命、そんな意味だ。

それは、八八年後に火蓋を切る大東亜戦争の直接的きっかけになっていったとも言えるだろう。

ただし、開国さえすれば植民地化をまぬがれるという訳ではなかった。

鎖国を続けようと、開国しようと、このときの日本は植民地化の危機に瀕していたのには変わりはない。

事実、日米和親条約、日米修好通商条約をアメリカと締結した後、日本は続々と西洋諸国との間に通商の条約を結ぶことになり、そのすべてが日本にとって不平等な条約だった。

輸入品に関税をかける権利もなく、外国の犯罪者を、日本の法律では裁けない――。

真の独立国にふさわしい条約とは、とても言えるものではなかったのだ。

日本の明治時代は、真の独立の意味をよく知る時代だったといえる。

当時の日本は、軍事力も弱小であり、貧しくて気のいい日本など、すぐにでも植民地にできる存在だった。

しかし、その後も日本は、半独立とはいえ、アジアで二つしかない、植民地をまぬがれた国として存続することができた。

それは、なぜだったのだろうか。

一言で言えば、日本国の歴史への誇り、そして独立を守り抜くという日本人一人ひとりの気概が日本を守ったのである。

『学問のすすめ』が日本人の一割もの人に読まれたのは、それだけ日本人に植民地にされる恐怖心があったということ。今の私たちには想像もつかないね。

でもその恐怖心は、根拠のあるものだったんだ。

そしてね、そんな世界情勢を当時の日本人は正しく理解できていたと思う。日本人のその頃の識字率は七〇％もあったんだよ。世界一の大国イギリスでも三〇％くらいだった頃にね。

だからね、その時代の日本人は、今以上に世界情勢を知り、考えることのできる教養人だった。

「学問のすすめ」がそれ程読まれたのも、それだけの教養があって読書人口も世界の中で突出していたからだものね。

この明治に至るまでの危機感、そう、「植民地にされたくない！」という危機感で日本は一つになった。

近代化に有色人種で真っ先に成功したのもそれが原因だと言える。

結果的に、アメリカの存在が日本の近代化を促した、と言えるよね。

でもね、その事が八〇年後に、日本とアメリカをあの戦争へと導いていった。

開国し、植民地にならない決意。それを叶えるには、欧米と競い合う道しかなかったからだよ。

歴史というものはね、その時代の情勢や人々の意識をしっかり考えた上で、見つめなきゃならないと思うんだ。

第6章　一九一九年　人種的差別撤廃提案——信を通す勇気

東日本大震災が起こってから外国に行くだろ。するとね、「日本人って素晴らしい、日本人を尊敬している」と言ってくれる人たちがたくさんいるんだよ。

あんな大変な天災で明日の命も分からない時にも、日本人は助け合い、団結している。その姿は日本以外にはないと言われるんだ。

暴動も起きないし、食べものを奪い合うことも起こらないよね。それは世界では本当に稀な事なんだよ。救援物資を配る時も、みんな一列に並んで整然と待っていたよね。日本人は危機になると、驚くほどに団結して一体になる民族なんだ。

明治維新の時、日本は驚くほど変わって、短期間で大国になったよね。それも、あの時代の日本人は大きな危機意識を持って、一体となっていたからなんだよ。

そう、それは植民地にならない、なりたくない。白人たちの奴隷になんか絶対にならない。その危機感だったんだ。ほんの七〇年前まで、世界の主人は白人で、有色人種は白人の奴隷、そうだな、やさしく言えば使用人くらいに思われていたんだろうな。

まさかって？　本当なんだよ。

リンカーンの奴隷解放宣言を習ったって？　う〜ん……。アメリカではね、一九六四年まで黒人と白人、いやいや有色人種と白人が同じ病院に入ったり、同じ学校で勉強する事も許されなかったし、結婚を禁止している州もあったんだ。

僕たちは有色人種だね。僕たちの先祖は、強烈な人種差別の時代の中にあって、奴隷にならない国を作ろうと頑張ったんだ。

そしてね、人種差別自体を世界から無くそうと公に声を挙げた最初の国なんだ。

それは、今から一〇〇年近く前の果敢な勇気ある提案だったんだよ。

奴隷階級

一九六〇年代前半のアメリカ南部を舞台にした、『ヘルプ〜心がつなぐストーリー〜』（テイト・テイラー監督、二〇一一年）という映画がある。

映画に出てくる白人家庭には、「ヘルプ」と呼ばれる黒人メイドが働いており、主人の子どもたちの躾や世話もしていた。

育児は黒人メイドたちが当然なすべき仕事の一つだった。

その白人家庭の四人の子どもたちにとっても、黒人メイドは心から慕う「育ての親」なのだが、にもかかわらず、黒人メイドたちは、主家のトイレを使うことすら許されていなかった。

たとえば、こんなシーンがある。

猛烈な豪雨の中、トイレに行きたくてうずうずしている黒人メイドに、主家の婦人は、当たり前のように涼しい口調で黒人メイドに語る。

「勝手口に傘があったわ」

暴風雨でプールサイドのパラソルが吹き飛ばされるような状況でも、いつものように外でしてきなさいと命じる。

あまりの暴風雨に、黒人メイドは、こっそり家のトイレを使ってしまった。すると、

「あなたはクビよ！　穢らわしい、早く出ていって！」

金切り声で婦人が叫ぶ。

黒人メイドは、家を追い出され職を失った。

当時は、黒人はただの奴隷でしかなく、得体の知れない病気がうつる、穢らわしい、汚いといった理由で、トイレは戸外で用を足すのが常識とされていたのだ。

こんなシーンもあった。

ある慈善運動家の奥様が、友人同士の茶会で、自慢話をしている。

「黒人メイドのトイレを家の一角に造るの。庭じゃやっぱり非衛生的だし。この案は行政のトップにも誉められているのよ」

彼女はそれを、ミシシッピー州ジャクソンの一つの運動にしましょうと、参加メンバーに呼びかけた。

周囲から、大きな拍手が巻き起こった。

そして、雨風を避けられるトイレが造られたが、そのトイレは主人たちの豪華なトイレとは打って変った裸電球一つの粗末なトイレだった。

当時の黒人メイドたちはどんな気持ちで使ったのだろう。

外ではないにしろ、粗末なトイレ。

何があっても汚らしい黒人と白人は厳格に区別するものだとそんな常識を、子育てを任せている黒人メイドたちに振りかざす白人たち。

六〇年代と言えば、ほんの扉一枚か二枚開ければのぞける過去だ。

この映画が描いているのは、日本で言えば、大ヒットした映画『ＡＬＷＡＹＳ～三丁目の夕日～』と同じあの時期の、アメリカ南部の「現実」なのだ。

当時のアメリカ南部の諸州には、「ジム・クロウ法」という法律が施行されていて、これは黒人だけではなく、黄色人種を含む有色人種と、白人との関係性を定義したもので、その実態は徹底した人種隔離法だった。
・白人女性の看護師がいる病院に、黒人男性は患者として立ち入ることはできない。
・バスの停留所には白人用と有色人種用の二つの待合室を作らねばならない。チケット売り場も二つ別々の窓口を作る。
・白人と有色人種が同じ部屋で食事ができるレストランは、法律違反である。
・白人学校と黒人学校は教科書も含め、厳密に分けられなければならない。
・白人と黒人の結婚は禁止。四代前までさかのぼり、黒人の血が一滴でも流れている人間は、黒人とする。
・鉄道では、白人車輌と有色人種車輌に明確に分けられる。
このように「ジム・クロウ法」の根底には、白人特有の歪んだ正義感があった。正義感と言っても、それは「分離すれども平等」という、実に不可解きわまりないものでしかなく、

「人種ごとに幸福感は違うし、権利の範囲も違う。その中にこそ平等がある」

そんな奇妙な主張が、少し前のアメリカでは平気でまかり通っていたのだ。

さらに異様だったのは、この法律に誰も違和感を覚えていないことだろう。

「ジム・クロウ法」がアメリカ合衆国から消えたのは、一九六四年になってからのことで、日本中の人々が世界の平和と、国家や人種を超えた融和と友愛に陶酔した東京オリンピック。その開催のほんの四ヶ月前のことだった。

それでは、「ジム・クロウ法」の撤廃後、アメリカにおける有色人種への差別は、すっかりなくなったのだろうか。

撤廃後、三〇年近く経った一九九〇年代の終わりに、アリゾナ州にホームステイをしていた私の友人の話を聞くと、そうではなさそうである。

ある日、彼女はスーパーマーケットで、レジ待ちの列に並んでいた。

次はいよいよ自分の番というときに、レジ係の女性が、友人を無視してその後ろに並ぶ客を手招きしたという。次も、そのまた次も。

「なぜ私は呼ばれないの？　私が先じゃない！」

我慢できずにそう問いかけると、レジ係は憮然とした顔で言い放った。

「ユー・アー・イエロー！（お前は黄色人種だろう！）」

信じられないことかもしれないが、これはほんの十数年前の、アメリカ南部における日常のシーンなのだ。

働きすぎた日本人

人種差別の意識というものが明確なかたちをとり始めるのは、その人種に対する嫌悪感と恐怖感が重なり合ったときのようだ。

優越意識だけでいられる時代の差別感情は、慈悲や慈善といった気持ちの下に隠すことも可能なのだろう。

ところがいったん、何かをきっかけに嫌悪や恐怖の心が動き出すと、差別感情は一気にヒステリックな感情へと傾いていき、そしてその感情は、時に組織や国を一体化させる政策として利用される。

アメリカには、過去に日本人移民を差別してきた歴史がある。その経過を振り返ってみよう。

一八九三年、サンフランシスコ市教育委員会は、市内の公立学校に通っている一〇〇名ほどの日本人児童に対して、支那人学校への隔離条例を決議した。

理由として、衛生と学力の問題とされていたが、実際には、よく働く日本人が、アメリカ人の労働環境を悪化させているというのが、唯一の理由だった。

一九〇〇年には、同じサンフランシスコで大規模な反日本人集会が開かれた。

論点は同じで、よく働く日本人。貧しい生活環境でも文句を言わず、未来のために働く日本人。

その日本人のせいで白色人種としてアメリカに移民してきた、アイルランド系移民の職が奪われていく。

そんな日本人は排斥してしまおうというのだ。

アメリカの民主主義を理解せず、アメリカの民主社会に同化もしないからという理由も付け加えられた。

しかしアメリカ社会に日本人が違和感を持つのは当然のことだ。

「ジム・クロウ法」が大手を振るアメリカの「民主主義」など、日本人には理解しえなかっただろう。

人種の正義が、人間の正義を超えるような「民主社会」への根本的同化も、日本人には難しいことだった。

日本人はイエロージャップと呼ばれる有色人種だった。

アメリカの日本人排斥の動きは、一九〇五年に日露戦争で日本が勝利を収めた後、嫌悪感と恐怖感の相乗効果で、よりヒステリックな様相を帯びていった。

黄色人種国家が、白人主権の世界に、突如立ち向かい勝利した。

白人大国で、アメリカすら戦争を避けようとしたロシアを破り、国際社会の主役の一人として躍り出た日本。日本は太平洋をはさんだアメリカの隣国だった。広い太平洋を自国の庭にしようと考えていたアメリカにとっては、日本は脅威そのものに見えたことだろう。

こうしてアメリカ人は、自分たちとは思考形態も宗教も違う日本人に、嫌悪と恐怖の眼を向け始めたのだ。

そして、ハワイ移民の排斥法がまず成立。この流れは、一九二四年五月二六日に、「絶対的日本人移民排斥法」が成立に至るまで続いていく。

特に太平洋の玄関である港町サンフランシスコ市民の反日感情は過激だった。

日露戦争の日本勝利の翌年には、改めて日本人の学童をアメリカ社会から切り離そうとする動きが活発化する。

どんな小さな嫌悪の火種も一度生まれるとくすぶり続け、やがて消せない火炎となる事もある。二〇年も続けば、時には戦争にすら発展するのだ。

しかし、私たち日本人は、他国民の自分たちへの嫌悪感の本質や原因をあまり考えなさすぎる民族ともいえよう。

相手国の奥底にある本意まで見透かす能力にも、いまだ劣っているようにも思える。ただ、その特性は、無類の人のよさとして、愛すべきものではあるのだが。

黄禍論とオレンジプラン

アメリカにおいて日本人への差別や排斥の動きが激化した背景には、「黄禍論」の存在もあった。

世界史というのは、常にどこかの国が表舞台に立った時に動き出すものだ。日露戦争における日本の勝利が、ポーツマス条約の調印で確定してからわずか三日後の一九〇五年九月六日のこと。

ドイツ皇帝ウィルヘルム二世は、ニューヨークタイムズのインタビュー記事の中で、「黄禍論」のアドバルーンを上げた。

「黄禍論」。

それは、白色人種にとって黄色人種、特に日本人は恐ろしい脅威であるとする主張だ。一種の人種差別論だったと言ってもいいだろう。調子にのった黄色人種国家である日本には、白人国家が団結して対抗すべきである。「黄禍論」を掲げる白人たちは、このように考え、三〇年以上の時を経て、世界は大東亜戦争への道へと向かって進んで行った。

確かにアメリカは、太平洋を間にはさみ、何の障壁もない状態で日本と向かい合っている。そして日本のすぐ後背に、欧米列強が狙う大市場支那があった。

支那大陸は世界最大の市場である。資本主義のせめぎ合いは、その支那大陸での市場の奪い合いが焦点になるものなのだ。

すでに世界最大の経済国家となっていたアメリカにとっても、さらなる経済成長の為には支那大陸での収益が重要になっており、その点では遅れて資本主義に参加した日本も同じだった。

日本とアメリカは時代に関係なく太平洋をはさみ向き合いながら、その支那市場を目指す関係にあるのだ。

この地理的条件は、未来永劫変わることはなく、支那市場をめぐるパワーバランスの支点として、昔も今も将来もこの場所に日本列島は存在する。

「黄禍論」は急速にアメリカに浸透していった。アメリカ国内では、既に日本人差別が始まっており、「黄禍論」を受け入れる下地はできていた。

「黄禍論」の湧き上がる八年前から、日本を戦争によって支配下に置こうという戦略計画書も存在していた。

それは、一八九七年に計画書として作成が始まったオレンジプランで、策定者セオドア・ルーズベルトは、『シーパワーにおけるアメリカの利益、現在と将来（The Interest of America in Sea Power, Present and Future）』という、海軍軍人のマハン大佐が書いた本を題材に検証している。

この本には既に日本人移民の受け入れを拒否するべきである、国内の異教徒をキリスト教徒に改宗させるべきであるといった内容が書かれているが、アメリカで力を得つつある異教徒として中心的存在として取り上げられているのは日本人であった。

このマハン大佐の本には、太平洋を支配しアジアの市場でアメリカが優位に立つためには、戦略的拠点として日本を植民地にすべきであるというアメリカの考えがはっきりと見てとれる。

そして一九〇六年、ウィルヘルム二世の「黄禍論」も加味し、「オレンジプラン」は次のように改訂された。

「日本を『完全な窮乏と疲弊』に追い込む。アメリカは日本を『打ちのめす』まで戦いを止めず、日本に『徹底的ダメージ』を与えて屈服させる。そして日本に『アメリカの意志』を押し付け『アメリカの目的』に服従させる」

この異常とも思えるような執念、決意はいったいどこから来るのだろうか。

さらに、こんな文章も書かれている。

「徹底的に抹殺する悲惨な結末まで戦い抜き、無条件降伏させる」

その後数年おきに改訂される「オレンジプラン」の中で、マハン大佐の考えはより戦略化されていき、まるで人種抹殺計画の様相すら帯びていった。

日本人にはとても想像できない、いや想像したくないことなのだが、当時の人種感覚は〝こんなもの〟なのだ。

白色人種の間では、これほどまでに強烈な敵意は生まれなかっただろう。

そして一〇〇年の時を超えて、アメリカの意志は日本に働き続けていった。

「オレンジプラン」の中で、沖縄の戦略的重要性の高さは繰り返し書かれており、日本の侵攻、そしてアジアの軍事戦略を立てる上で、沖縄はペリー来航の時から変わらず、自領とすべき最重要地域とされていた。

今に至るアメリカの軍事戦略、そして沖縄に対する意志は一〇〇年以上の時の中で生き続けているのだ。

歴史の連続性を追求する白色人種の怖さだ。

国際連盟での孤立

絶対的日本人排斥がアメリカで堅固なものになるまでに、人種差別を止したいという日本人らしい正義感が発揮された大きな事件がある。

その事件は、有色人種としてただ一国、世界の大国として発言力をもち、国際連盟の常任理事国となった自負心が発揮されてのことだった。

第一次世界大戦後のパリ講和会議。その席で、大変な勇気を奮った偉大な日本人がいたのだ。

一九一九年四月一一日、戦後処理を話し合うためにパリ講和会議が開かれ、日本から全権として参加した、牧野伸顕その人である。

彼は、白人国家が仰天する法案を提出したのだ。

第一次世界大戦後に設立される国際連盟の規約に、人種的差別の撤廃を入れようという提案だった。

それは、あらゆる人種差別を各国が協調して廃絶しよう、という実に画期的な提案だった。

有色人種の国として、唯一国際連盟の常任理事国となった日本が、

「国際連盟の盟約は、人種平等の原則が固守されるべきである」

と、国際会議の場で堂々と主張したのだ。

果たしてそれがどう受け入れられ、どういう展開になっていくのか、アメリカの黒人有識者も、そして白人国家も、息を飲んで見守った。

多数決の結果は、一七対一一の賛成多数で可決された。

「我々黒人は、講和会議の席上にて、人種問題の法案について激しい議論を戦わせている日本に、最大の敬意を払うものである」

一二〇〇万人の黒人が、絶望的差別のもとに暮らしているアメリカで、全米黒人教会はそのようなコメントを発表し、日本人の快挙を絶賛した。

人種差別撤廃法案の可決。

その瞬間に、歴史の歯車は、一つの理想へと回転し始めるはずだった。

しかし、驚くべき事態が起こり会議場は騒然となった。

議長であるアメリカ大統領ウィルソンが、突然こう宣言した。

「日本の提案は、否決された」

「このような重大な案件は、全会一致でなければ、認めるわけにはいかない」

アメリカという新興国家の正体がムキ出しになった一言だろう。

牧野伸顕は、強硬に抗議した。

なぜ、すべての議案が多数決で決せられる中で、人種差別撤廃法案だけが全会一致でなければならないのかと。

当然の抗議であろう。

しかし、議長はまったく取り合おうとしなかったという。

白人社会にとって人種差別は、常識とも言える仕組みだった。社会の構造と言ってもよい。

人種的優越感は、新興国を束ねるエネルギーでもあった。

そして、資本主義を支える奴隷的労働を正当化するためにも必要なことだったに違いない。

牧野伸顕は、この法案が多数決で承認された事実を、議事録に記すことを求めた。

有色人種日本国の、せめてもの意地であった。

絶対的、日本人移民排斥法への動きは、間違いなくこのときから加速したのだ。

日本からの移民の排除、在米日本人の土地の取得の禁止、学童、生徒の隔離。これらを正当だとする法案が次々とアメリカ国内で出されていった。

「黄禍論」、それに誘発されるように制作され改訂を続ける「オレンジプラン」は仮想敵国、日本を滅ぼす計画をより激烈なものにして行った。

絶対に滅ぼすべき日本人。危険分子である異文化、非キリスト教黄色人種である日本人はアメリカ本土から追放し、アジアの一角に押し込めなければならない。

その結果、日本はきっと支那大陸への移民政策を押し進めるに違いないと、アメリカは考えていた。日本の耕地は狭く、増大する日本人を農業によって養う土地は日本にはない。

そしてアメリカ・白色人種国家と支那大陸でぶつかるに違いないと、長期的視野で予測もしていたのだ。その時に、日本を徹底的に滅ぼせばよい。

それが彼らの最終的な狙いだった。

白人主導の世界において、人種差別の撤廃を、唐突に、人権上の理由から提案した日本に対する警戒心は、そんな長期戦略とも結びついていったのだろう。

オリンピックですら平等ではなかった

牧野の議案がパリ講和会議で、否決されたその年のアメリカで、鋼鉄の生産量は三一五万三〇〇〇トン。

片や日本は、五九万六〇〇〇トン。その差は圧倒的であり、鉄が確かな国力を示す時代に、日本はどうしようもない国力の差を、アメリカとの間に認識させられていた。

ゆえに、このときの日本が、アメリカに対して事を構える、まして戦争に至るとは、考えも及ばなかったのは確実だろう。

しかし、アメリカは様々な工作で、日本を窮地に追い込む方策を実行し始めた。

日本にとって、白人国家との掛け橋となっていた日英同盟を廃棄させる道を推し進めたのもその一つだ。そのために日英同盟に対する推進派であった、英国首相ロイド・ジョージの堅い意志を覆させる様々な工作まで進める徹底ぶりだった。

一九二二年七月、日英同盟の期限満了による解消は、日露戦争の勝利から一七年後の出来事である。

このときを境に日本は白人国家と距離をおき、結果的にはアメリカの長期的戦略のシナリオ通りに、国際的孤立へと向い、大東亜戦争に繋がっていくことになる。

残念ながら、白人国家の有色人種国家にたいする差別は、現代もなくなったとは言えない。

日本は一九九二年のアルベールビル、一九九四年のリレハンメルオリンピックと、スキー競技ノルディック複合で、二大会連続の団体優勝を遂げた。

「キング・オブ・スキー」。スキー競技の頂点と評されるノルディック複合での優勝者に与えられる称号を、スキー後進国の日本は獲得したのだ。

その圧倒的強さは、スキーを国技とする北欧、東欧、西欧諸国に衝撃をもたらした。

国際スキー連盟が、ルール改正を提案し、日本が得意とするジャンプの得点比重を下げたのはその直後だ。

結果、日本の順位は流動的になり、その後のオリンピックでは金メダルから遠ざかって行く事となる。

世界のルールは白人が決める。

そんな馬鹿なと、思う日本人がほとんどだろう。

国際親善、という言葉が何の疑いもなく語られる現代を我々は生きている。

しかし、一六世紀以降、今の世界の価値観である資本主義の制度・仕組みを五〇〇年の時の中で造ってきたのは、まぎれもなく白色人種なのだ。

スポーツの多くでも同じで、白色人種優先の世界が今も底堅く存在している。

それは、二一世紀の今に至るまで、国際社会の暗黙のルールとして生きている。

私たちは、この事実を心の片隅にしっかりと刻印しておく「責任」があるだろう。

白人社会の常識であった人種差別にたった一国、有色人種として立ち向かった先祖を持つ国民として。

アメリカもイギリスも卑怯だって？　確かに今の僕たちから見れば、多数決に従わなかったことは卑怯だよね。

でもね、それが世界、だったんだよ。人種差別撤廃をあの時代に掲げる事の方が白人からみて非常識だったんだろうね。

日本という国は、二〇世紀の初頭、有色人種で唯一の近代化に成功した国だった。彼らからすれば、肌の色、そして本当に毛色の違う、習慣も宗教観も、姿カタチも違った不気味な存在だったろうね。

日本人は、有色人種の代表という意識もあったと思うよ。日本が崩れてしまえば、世界は白人支配の、白人一色の世界になると考えていた人もいたろうね。もちろん、日本にも欧米にも。

当然の事だけど、日本人に他のアジア人を差別する人たちもいただろう。日本は有色人種の代表、西欧と同じ強い国。そんな優越意識は他国の人を見降ろす意識になるからね。

でもね、覚えていて欲しいな。

日本が世界に先駆けて人種差別撤廃の提案をしたこと。

そしてその提案が多くの国から賛同を得たという事実をね。

そして、正しい事で多くの人たちが賛成したとしても、力で否定される事もあり、それが世界だという事をね。

父さん外国に行って、どこの国の人だって聞かれたらね、いつも胸をはってゆっくり大きな声で言うんだ。

「日本人です」ってね。

第７章　一九四一年 日米戦争開戦――独立を貫く気概

修学旅行で広島に行くんだって？　うん、父さんもよく行くよ。広島は中国・四国地方の中心地だから、仕事で訪ねることも多いしね。広島へ行くと、父さん特別な気持ちになるんだ。

そうだね。人類最初の核爆弾の被害にあった広島。世界中でＨＩＲＯＳＨＩＭＡは有名だ。もちろん長崎もね。

なぜ日本に原爆が落とされたかって？　残酷だって？

うん、父さんも初めて原爆資料館を訪れた時、ショックを受けたし、君も人間の残酷さに嫌悪感を持つと思うんだ。

でもね、父さんはこうも思うんだ。それが戦争だってね。もちろん、それでも原爆投下は許されない。絶対に。

アメリカはきっと、日本と同じく戦っていたドイツには原爆を落とさなかったろうね。どうしてかって？　ドイツとは同じ白人同士で、血縁関係の人々も両国に多く住んでいたんだ。

日本人は黄色人種だよね。私たちの先祖はね、黄色人種としてアジアの人として白人世界、そして世界中を相手に戦った。

その頃はね、白人優先の時代だったんだ。今では考えられないと思うかもしれないけど、黄色人種は、劣等な人種と思われていたんだ。本当だよ。

その日本がアメリカと戦った。その戦いはね、アメリカが五〇年も練り上げてきた計画どおりに進められたんだ。

その最後に、もう降伏する直前の日本に、しかも民間人の頭上に原爆は落とされたんだ。そこには、世界初の原爆実験という目的があって、世界史の中で、最大の無法な残虐な行為だと父さんは思っているよ。

「日本は侵略国家でした」

「日本は悪い国だった」

日本の教育現場でそんな言葉を使う先生が多いと聞く。

私の会社に入社したばかりの新人女性社員と話していて、修学旅行の話題になったときのことだ。

九州出身の彼女の行き先は、広島・岡山だった。

広島では、平和記念公園を訪れ、石碑を見て、原爆資料館と原爆ドームも見学したという。

原爆資料館といえば、被爆直後の広島の町の様子や、被爆に苦しむ人々の写真、原子爆弾の惨さを示す遺品の数々が展示されている。

「戦争は本当に悲惨だと思いました。二度と繰り返してはいけないですね」

「でも、日本が悪いことをしたから、しかたがないのですよね……」

驚くほどはっきりと彼女はそう言い切った。

（悪いことをしたから⁉）

何十万人という広島の市民が原爆の苦しみを受けた……。

長崎も世界で二発目の原爆被爆地になった……。

それが「悪いことをした当然の結果」だという彼女の認識に、驚きを禁じ得なかった。

「悪いことって、どんなこと?」

そう質問すると、彼女は少しうつむきながら次のように説明した。

アメリカに宣戦布告もなしに真珠湾を奇襲して戦争をしたこと。これまでの歴史の中で中国や韓国といったアジアの国々を侵略し、大変な数の人々を殺したこと……。そして、最後にこう言った。

「だから原爆を落とされてもしかたがないと、先生から教えられました」

私は、仰天して言葉を失った。

戦争という悲劇

一九四一年一二月八日未明、日本軍はアメリカ軍基地があるハワイ・オアフ島の真珠湾を奇襲攻撃した。これが三年以上に及ぶ太平洋戦争のはじまりだった。

日本がアメリカに仕掛けた戦争——これが歴史的事実なのは確かである。

しかし、それはあくまでも「教科書の年表的な記述」にしか過ぎず、その事実にいたった理由や背景、当時の世界の情勢や価値観がどのようなものだったのかを考えることこそが、

「歴史を知る」ということだと思う。

歴史には光もあれば、陰もある。正義もあれば、不義もあるだろう。

しかし、絶対に忘れてはいけないことがある。

それは、時代時代で価値観は違うという事実と、その時代を生きた人々への愛情だ。

現在の価値観だけで歴史を振り返ると、その時代その時代を懸命に生きていた祖先の心情に思いを馳せられなくなるものだ。

現在の言葉の定義通り、他国に進攻し、植民地とする行為を「侵略」とするならば、確かに日本は侵略国家だったということになるだろう。

日清戦争という清国との戦争では、勝った賠償として台湾（今の中華民国）を獲得しているし、一九一〇年には朝鮮半島も、西欧列強の了解のもとで併合（植民地に）しているのだから。

また、日英同盟に基づいて参戦した第一次世界大戦では、それまでドイツ領だったミクロネシア諸島、パラオ、マーシャル、北マリアナ、ミクロネシアなどの南洋諸島の委託統治を国際連盟によって任されている。

しかし、これらはすべて、その当時「侵略」とは言えない。

日本が侵略国家だったというのは、あくまでも現在の定義に照らしてのことなのだ。

もう一つしっかり理解しておきたいことは、一五世紀以降、世界の国々は二つに分けられていたという歴史上の現実だ。

それは、植民地を持つ国と、植民地にされる国の二つしかなかったということだ。

植民地を持って、自分の国土から経済圏を拡げていくという考え方を、「帝国主義」と言い、コロンブスのアメリカ大陸発見から、二〇世紀の中盤まで、帝国主義、すなわち植民地を獲得することこそが、各々の国力を決定づける要因だった。

そして、それまでの相次ぐ戦争で武力を発達させていたヨーロッパ諸国は、帝国主義の勝利者として、アジア、アフリカ、南アメリカを次々と植民地にしていった。

広大なアフリカ大陸、そしてアジアに至る国で、二〇世紀初頭に独立を保っていたのは、エチオピア、タイ、日本の三ヶ国だけでしかなかった。

それ以外の国は、すべて白人国家の植民地にされていたという時代なのだ。

幕末の動乱を超え、世界と対峙する明治の時代に突入した日本は、植民地にされない道を選んだ。そしてそれは結果的に、植民地を持つ国になるという選択でもあった。

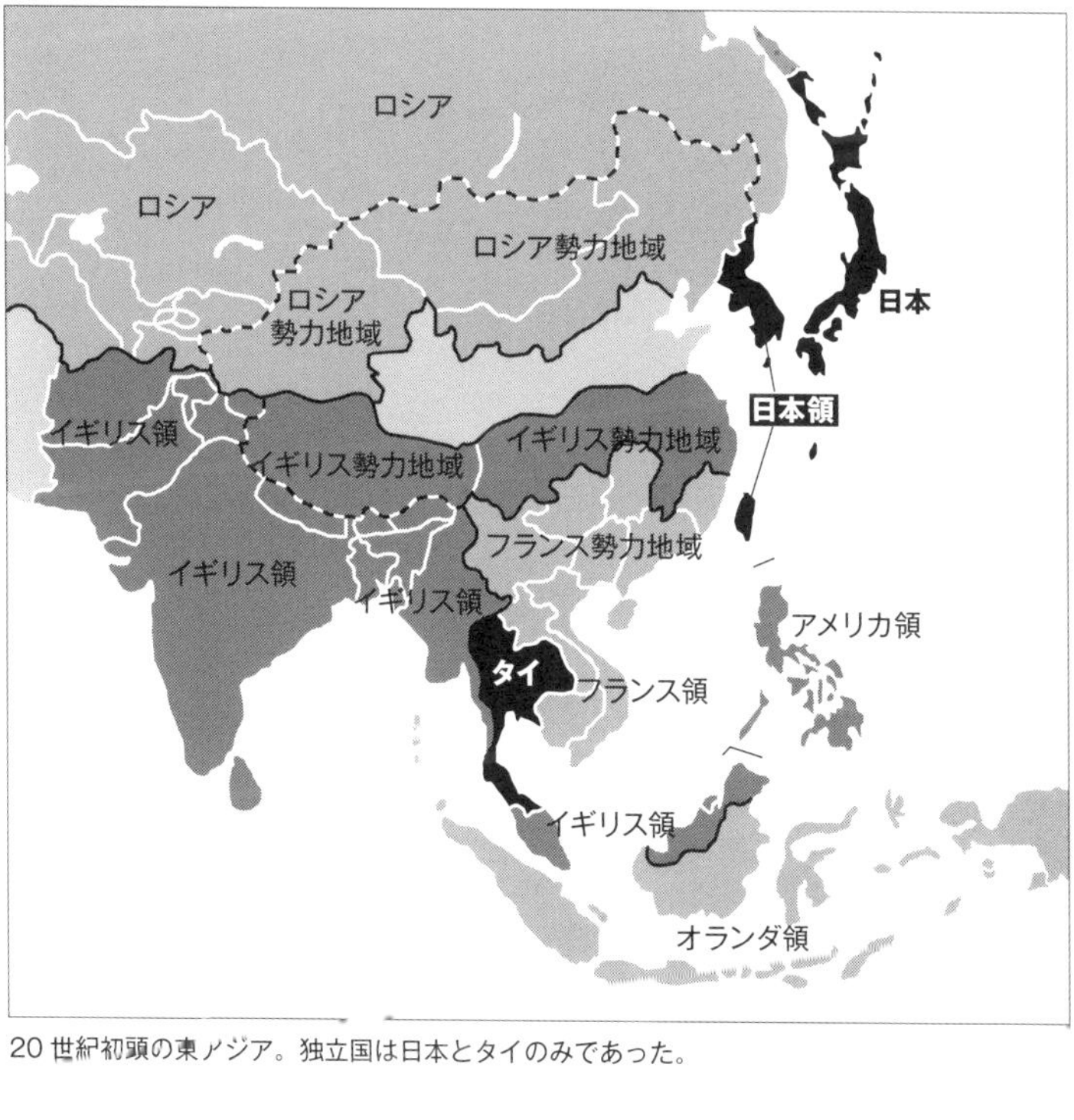

20 世紀初頭の東アジア。独立国は日本とタイのみであった。

原子爆弾の残虐さ

「原子爆弾は、できるだけ速やかに日本に対し使用されるべきであり、それは労働者の住宅に囲まれた軍需工場に対して使用されるべきである。その際、原子爆弾についてなんら警告を行なってはならない」

これは、原子爆弾使用を協議していた「暫定委員会」での、ヘンリー・スチムソン陸軍長官の決定書簡から抜粋したものだ。

アメリカが日本に対して何の警告も与えず、非戦闘員である市民の頭上でいきなり原爆を使用するという、恐ろしい決定が下されたのは、一九四五年アメリカ時間六月一日のことだという。

七月一六日、午前五時三〇分ニューメキシコ州アラモゴルドの砂漠で核実験に成功し、トルーマン大統領は、八月三日以降に、広島、小倉、新潟、長崎のいずれかの都市に原爆を投下することを正式命令した。

さらにスチムソン陸軍長官は、マリアナを基地とする第五〇九部隊に対し、小編隊での高高度飛行による日本進入を繰り返すよう作戦命令を出した。

この作戦とは、日本人に高高度で進入するＢ29の少数機編隊を見慣れさせるためであり、実際の原爆投下機が目標地に進入したときに無警戒の日本に対し、原爆を使いたかったのだ。

この作戦通り、八月六日、広島に進入したＢ29「エノラゲイ号」は何の迎撃を受けることもなく広島に原爆を投下することに成功した。

不意を打たれた広島市民は、これにより一二万人以上が被爆死したのである。

アメリカには、ドイツに原爆を使用するつもりはなかった、とも言われている。

同じ白色人種の国ドイツではなく、黄色人種の国、日本を投下先に選んだのだ。

戦争を善と主張する人はいないであろう。原爆投下に至るプロセスにおいて、アメリカ指導部の考え方には、人間が人間に示すべき一片の慈愛も感じられない。

当時でも、今の時代であろうが、原爆投下のプロセス、実行の全てが国際法に違反していることは、議論の余地がない。

ただし、原爆投下の背後にあったこれらのエピソードを、アメリカという国を糾弾するためにだけで、ここに記したわけではない。

悲しい言い方ではあるが、戦争とはそんなものなのだろう。

それよりも、アメリカの原爆投下実行までのプロセスが、短期間のうちに一気に進んでいたという事実に注目して欲しいのだ。

なぜアメリカは、これほどまでに原爆投下を急いだのだろうか。

ウランの核分裂反応が発見されたのは、一九三八年ドイツでの事だ。膨大なエネルギーを放出する核分裂反応を軍事的に利用する研究はドイツのヒトラーによってスタートしたのだが、アメリカ、イギリス、そして他ならぬ日本もほぼ同時期にその研究に入っている。一九四〇年二月、高純度ウラン二三五を用いた原子爆弾の構想をまとめたのは英国だった。

その情報は、一九四一年七月に同盟国アメリカにもたらされ、一〇月九日にはアメリカ大統領ルーズベルトが原爆開発計画を本格的に発足させることを決定し、陸軍を中心とした一大国家プロジェクト、マンハッタン計画は、僅か四年で原爆を現実の物としたのだ。

実証実験成功から、広島への投下までは、わずか二〇日あまりの事だった。

それは、ソ連が日本戦参戦を約束したことにより、既に戦時体制を維持できていない日本が降伏するのではと考えたからで、そうなればアメリカは、原爆投下の機会を失ってしまうからだ。

第二弾の投下、長崎への原爆投下が急がれたのも、ウラン型原爆とは違うプルトニウム型原爆を実験したい思惑があったからといわれている。

原爆開発に投入されたアメリカ国民の税金は、当時の国家予算の四〇パーセントとも言われる莫大な金額だった。

万が一にも、原子爆弾を投下できないまま戦争が終わってしまえば、大統領選挙にも影響しかねない——。

そんな思惑があったともいわれている。

大局的に見て第二次世界大戦後の対ソ戦略の一環として原子爆弾による優位性を示したかった、とする説もそのとおりに思える。

アメリカ国内の選挙事情で、国際紛争の一事情で愛する人が爆死したのだと知れば、遺族はどんな思いをするだろうか。爆死した日本人たちは、どれほど無念な事であろうか。

真珠湾攻撃の真相

「犬の飼い主が悪ければ、犬も罰しなければならない。日本の指導者の残虐で不法な行為の責任を、日本国民が受けるのは当たり前だ」

フランクリン・ルーズベルト大統領は、原爆投下を決めた話のなかで、そう発言をしているが、彼が言う「残虐で不法な行為」とは、大東亜戦争開戦にあたって、日本海軍が行った真珠湾への第一撃を指している。

しかし、真珠湾攻撃と、原爆投下は同列に比べることは出来ない。

日本の真珠湾攻撃は、軍事施設を標的にした限定的なものであり、原爆の投下は民間人まで無差別に標的としたもの。

その正当性を、犬までたとえに使って語るルーズベルト大統領の異常さは、決して許されないものだろう。

そもそも、ルーズベルト大統領は平和公約を掲げて大統領選に当選していて、それはヨーロッパ大陸と同様に東洋にも適用されるものだった。

一九四一年一〇月二六日。アメリカ国務長官ハルは、日本との和平交渉の事実上の中止を告げ、今でも語り継がれる、「ハルノート」と呼ばれる絶望的な資料が日本側に手渡された。

後にも述べるが、戦後に開かれた「極東軍事裁判」で判事の一人パル判事はハルノートについてこう語っている。

「現代の歴史家でさえも、次のように考えることが出来たのである。すなわち、今次大戦についていえば、真珠湾攻撃の直前に米国国務省が日本政府に送ったものと同じような通牒を受け取った場合、モナコ公国やルクセンブルク大公国でさえも合衆国に対して戈をとって起ち上がったであろう」

ハルノートを日本に示した後、アメリカ政府は全軍の指揮官に戦争の警告を発した。

米国政治学会会長、歴史学会会長を歴任したチャールズ・A・ビーアドはその著書「ルーズベルトの責任」の中で、ハルノートについてこう記している。

「アメリカの茫漠した歴史の中でもハル国務長官がルーズベルト大統領の承認をえて、一九四一年一一月二六日に日本に手渡した覚書は突出したものだった。地域全体に及ぶアメリカのアジア政策に照らした最も厳しい条件を日本に指示したものだった」

ハルノートは、古い帝国主義の考えを新しい装いの言葉で記したものと、誰もが認識できた。そして日本にこの文書を渡すことが結果として戦争への道になると、ルーズベルトもハルも理解していたと述べているのだ。

アメリカ政府は、戦争へのプロセスを進み戦う意志に漲っていたのは確実で、日本に先手を出させる必要だけがあったのだ。

「太平洋情勢の安定を図った日本との交渉は終了した」

「日本軍は数日のうちに攻撃行動を起こすと予想される」

アメリカ政府は、軍のトップにハルノート提出の翌日に打電しており、事実上戦争状態にある事を認識させていた。

日本をアメリカ攻撃に駆り立てる手順はこうして進められていった。

真珠湾攻撃の代償として、原爆を投下したというのは、こじつけに過ぎない。

ルーズベルト大統領の側近であるホプキンスが、真珠湾攻撃直前に、

「日本から最初に奇襲を受けるのは残念だ」

と述べると、

「我々はそうすることができない。われわれは民主主義国家であり、平和を愛する国だ」

そう答えていると記す資料が残っている。

このように、真珠湾攻撃はアメリカの意思に導かれたものだったのだ。

そして、広島市四二万人。長崎市二四万人の罪なき市民の頭上に原爆は投下された。

広島と長崎とを合わせて二〇万人以上にのぼる人類史上類の無い殺戮が起こった。


おかえり。修学旅行楽しかったかい。そうか、君もあの石碑の言葉を不思議に思ったのか。

「安らかに眠って下さい　過ちは　繰返しませぬから」

この過ちとは、日本が戦争をしたという過ちではないということを、君にも知っておいて欲しい。

戦争はね、昔から外交の一手段、つまり一つの方法だと言われているように、戦争という手段を選択すること自体は、少なくとも当時の世界の情勢から考えれば、過ちではなかったんだ。

広島の原爆死没者慰霊碑の碑文

しかし、どんな理由があれ、どんな理屈があれ、原爆のような大量殺戮兵器を一般市民の人々の頭上で爆発させた事は過ちでしかない。

どんな理屈をつけようとも、間違いなく過ちだ。

国の意志の中に、一般市民の大量殺戮を容認する事などあってはならないんだよ。そこまでしてしまう人間の過ちは、決して許されるものではないんだ。

第8章　一九五一年　マッカーサーの証言——証明された正当性

世界にはいくつの国があると思う？

父さんが小学校の頃は一四〇ヶ国って教わっていたよ。うん、大阪万博の頃。それが今や……日本が承認している国だけでも一九四ヶ国だから、日本やその他の地域を含めたら二〇〇以上もあるんだね。一九九一年から二〇年間だけでも、三八の国が独立している。

エッ⁉　独立って何かって……？　独立とは、領土、つまり国としての範囲がはっきりしていて、そこに住民が、そう国民がいて、土地と国民を守る実力があること……かな。

独立はね、とても大切なことなんだよ。自分たちで、自分たちの国のあり様を決められる。国民が、他国の指示や、強制に従って生きなくてもいい。それが独立国なんだ。

日本は独立国だったかって？　おじいさんの古いカメラ……そうそうこのカメラ

のこの文字わかるかい？

「オキュパイド・ジャパン（Occupied Japan）」って書いてある。

占領下日本、という意味だよ。

日本は大東亜戦争に敗けて六年間独立した国ではなかったんだ。全てアメリカによって統治されていたんだよ。

なぜ戦争をしたかだって？

それは、日本が独立国であろうとしたからなんだ。独立国であるためには、当然自国を守る強い軍隊が必要になる。軍隊を維持するためには、石油や鉄など多くの資源を確保しなければならない。

しかし、日本には資源はなかった。それは今も同じだね。

その日本が独立国家であり続けるために……。

それが理由だと父さんは思うんだ。

東京裁判史観とは

大東亜戦争の敗戦。

それは日本人が歴史の中で、初めて直面した圧倒的敗戦だった。

その敗戦のショックをより増幅し、日本人の歴史観を狂わせたのが、極東軍事裁判だろう。

この裁判は「東京裁判」とも言われており、「東京裁判」は敗戦国の戦争責任を、戦勝国が裁いたものだ。「日本だけが悪である」とする、まるで復讐劇のような、そして一方的な裁判だったと思う。

裁判の大きな目的は、戦争を起こした日本人に、その罪の意識を徹底的に刷りこむこと。

そして二度と白人国家に対して戦争など起こそうと思わせない事にあった。

この裁判の根底にあるその価値観から歴史を見る観方を「東京裁判史観」と言う。

これに対する批判が出てきた。

東京裁判には一一名の裁判官判事が連合司令官マッカーサーにより任命され、その中に唯一国際法の権威者であるインド人のパル判事がいた。

パル判事は、東京裁判の性格を次のように指摘した。

「復讐の欲望を満たすために、単に法律的な手続きを踏んだにすぎない、というようなやり方は、国際正義の観念とはおよそ縁遠い。こんな儀式化された復讐は、瞬時の満足感を得るだけであって、究極的には後悔をともなうことは必然である」

東京裁判は、主に「平和に対する罪」、「戦争犯罪」、「人道に対する罪」の三つの罪で被告を追求した。

日本の罪とは

平和に対する罪、それは一方的に日本が平和を求めていたアメリカ、英国を謀略の上に計画的侵攻をしたその罪を指す。

大東亜戦争以前アメリカは、日本と戦争状態にあった中華民国に対して経済的、軍事資材の形でも援助し、戦闘に参加するアメリカ人もいた。そして、経済的制裁として日本への石油、鉄を始め地下資源の輸出を禁じた。

「その国は必然的にこの紛争に軍事的干渉をすることになるのであり、宣戦の有無にかかわらず、戦争の当事国となるのである」

パル判事は日本の戦争の出発点をそこまで逆上るとした。

だとすれば、日本の政治家、軍人だけに、平和に対する罪を問えるのだろうか？

そして、真珠湾攻撃が宣戦布告の前に行われた背信的戦争行為であったとする点についても、その論を却下し、宣戦布告は儀式の問題に過ぎないとしている。

さらに、パル判事は、英国植民地であるインド代表というよりも、東洋人の代表として次のように指摘している。

「東半球内における、いわゆる西洋諸国の権益は、おおむねこれらの西洋人たちが過去において軍事的暴力を変じて、商業的利潤をなすことに成功したことの上に築かれたものである」

「もちろんかような不正は、彼らの責任ではなく、この目的のために剣に訴えた彼らの父祖たちのしたことである」

「平和に対して軍事的暴力を振るう事は、欧米諸国も業とした事で、欧米の権益である当時の植民地もその結果獲得したものではないか」

これらの発言は、東京裁判の正当性に対する強烈な一撃といえる。

平和に対する罪を断じる権利など、誰にもないではないか？　そもそも当時の国際法では、「戦争という行為で国際紛争を解決してはならない」と、確かに規定されていたが、いわゆる自衛戦争は除外されていた。

問題は、その「自衛」の定義は各国が判断するとされていたことにある。

要するに、戦争をめぐる判断は各国に委ねられていたわけである。となれば「平和に対する犯罪」など、どうにでも作り上げられる性質のものだったことになるではないか。

石油も止められ、全く軍備を動かすことのできない状態に至る前に、打開する事は当然「自衛」の範囲であろう。

人道の罪とは

パル判事は、日本の過去の欧米諸国に対する提案をあげて、「戦勝国が日本に人道の罪を問うことはできるのか？」と問いただしている。

日本が第一次世界大戦後の一九一九年に、パリ講和会議において人種差別撤廃法案を提示したとき、この法案は多数決で可決されたにもかかわらず、米英を中心とする欧米諸国の反対で結局否決された。

果たしてそのとき「人道」ということは考慮されたのだろうか？

パル判事は、この点も、欧米諸国が「すべてを自己都合で解決した」と厳しく指摘している。

さらに人権差別撤退法案の否決は、日本人に日本人は黄色人種であることを突きつける為に行われたのではないかとも指摘している。

無差別殺戮と言える原子爆弾の使用については、最も強い指摘をしている。

第一次世界大戦の際、ドイツ皇帝ヴィルヘルム二世は、オーストリア皇帝への手紙に、

「この戦争を早く終えるためには、国民を殺してもいいし、民家を略奪してもいい。とにかく早く戦争を終えたほうがいい」

と書いたといわれている。

パル判事はこの例を引き合いに出して、強烈に原爆投下を批判した。

「戦争を早く終わらせるために」

アメリカが原爆投下を正当化するために、よく口にする理由だが、その根底にあるものとして「日本悪人説」も唱えられている。先述のように、犬をたとえに出す酷い発言もあるほどだ。

しかし、正当化されるはずもない。

大切なことは、戦争とはそんなものだということ。

東京裁判では、日本の教育の中で日本人の優秀さを教えたことすら、侵略主義の証だとす

る論もあった。

白色人種の的として次々植民地になるアジア諸国。その中で、日本は独立を保っていた。アジア人、黄色人種を白色人種と比べて劣等人種だとする白人優越主義が、欧米の植民地主義の根本なのだ。

その時代に自国民族の優秀さを語り合う事は、自己防衛の方法として必要なことだと、パル判事は訴えている。

日本は、日露戦争で白色人種大国ロシアに勝った後も黄色人種としての差別を受け続けた。それどころか、躍進する日本への警戒心は、日本人移民への迫害、排斥となってアメリカでは加速して行ったではないか。

「白人国家はその排斥運動において、日本人を含む被排斥国民の国民的感受性に対してなんらの考慮も払わなかった」

そんな欧米諸国の対応の中で、日本の教育が問題だとは思えない。そのようにパル判事は論じている。

神話の大切さ

日本民族は、一万五〇〇〇年以上も前に土器文明を持った、世界最古の文明国だ。そして、一五〇〇年以上も続く世界最古の王朝を有する国でもある。日本には世界に誇るべき最古の文明史、文化史がある。

にもかかわらず、日本の神話や古代史、明治維新以降の近代史を、日本の学校教育で詳しく教える事は少ない。科学的ではない神話を信じ込ませた戦前教育が日本を誤らせたとの考えからだ。

そして、日本の持つ文化・文明の歴史的奥深さや卓越性を教える事を、戦前の軍国主義教育につながるとして排除してきた。

明治維新以後の日本は、ただ軍事主義化の方向へと進み続け、狂信的侵略国家として拡大した、と語る人が教育現場には多く存在している。

しかし、そもそも神話とは、今の科学常識からみて非科学的なものに決まっている。どこの国の神話に科学的な物語があると言うのだろう。神話には、祖先が感性で捉えた祖国の魂が宿っているのであり、その魂にふれ、私たちにも受け継がれている感性に気づく事は、一つの民族の絆の中心点だと思う。

どの民族でも、自分たちの原点・歴史・祖先に誇りを持ちたいものだ。子どもたちにとってその思いは本能と言ってよいだろう。

戦前教育の全否定と戦前の日本が置かれていた環境から目をそらし続ける考え方が私たちの心の芯を歪めているように思えるのだ。

大東亜戦争の勝利者、真の勝利者は日本だったのではなかろうか。戦後時間を経る中で欧米の識者が持った感慨だった。

大東亜戦争の緒戦、日本は広大な東アジアからアメリカ、英国、オランダを駆逐した。その結果、アジア人は白人の絶対優越性の魔法から覚醒したと言われている。

「日本は西洋をアジアから追い出し、西洋の植民地勢力の権威を失墜させることに成功した。その結果西洋はアジア、ついでアフリカからの西洋化された非西洋世界に対する支配権を放棄せざるをえなくなった」

P・F・ドラッカーは、明治維新以降の日本と西洋の対決の結果を日本の勝利とする理由をそう述べている。

劣等民族として白色人種に隷属し続ける有色人種国家の最後の砦として、日本は結果的にアジア、アフリカ諸国の独立を成し遂げる爆発力となった。

「日本人が歴史上に残した業績の意義は、西洋人以外の面前において、アジアとアフリカを支配してきた西洋人が過去二〇〇年の間に考えられていたような、不敗の半神ではないということを明らかに示した点にある」

アーノルド・J・トインビーも大東亜戦争の意義をそう述べる。

一九八五年、日本傷痍軍人代表団がオランダを訪問した時、アムステルダム市長であり、内務大臣のサンティン氏は、こう述べたと伝えられる。

「あなた方の日本国は、アジア各地で侵略戦争を起こして申し訳ない、アジアの諸民族に大変迷惑をかけたと自らを蔑み、ぺこぺこと謝罪していますが、これは間違いです。あなた方こそ自らの血を流し、アジア民族を解放し、救い出すという人類最高の良いことをしたのです。本当に悪いのは、侵略をして権力を振るっていた西欧人の方です。日本は戦いに敗れましたが、東亜の開放は実現しました。即ち、日本軍は戦勝国の全てを東亜から追放して終わったのです。その結果、アジア諸民族は各々独立を達成しました。日本の功績は偉大であり、血を流して闘ったあなた方こそ、最高の功労者です」

大東亜戦争を全ての意味で、善なる戦いというのではない。

戦争、この行為は、時代の様々な環境や情勢の中で起こり、勝者と敗者に分かれる。

しかし、勝者が善で敗者が悪であると言いきれるものではない。

そして、一つの戦争には、未来から見て必ず何らかの役割があるのだ。その視点を捨ててはならない。

私たち日本人は、「東京裁判」で戦勝国が一方的に押しつけようとした、日本だけが悪であるとする考え方に、いつまでも縛られていてはいけない。今こそ、もっと広い視野で世界史の流れを見るべき時ではないだろうか。

マッカーサーが擁護した日本戦争責任

日本は支那大陸に攻め込み、中華民国と戦闘を繰り広げた。そして、多くの中華民国の人々に被害を与えた。そのきっかけは満州国創立にある。

しかし、日本が支那大陸に満州国を造った点を侵略と呼ぶ事に対しても、パル判事は欧米列強と同じような侵略的手段で、権益を手に入れた、と記している。その権益には、自衛、自己保全の権利があるとも述べている。

今、この時代ではとても認められない手段が、大東亜戦争の時代は、強い国の常識だった。国際的見地からパル判事は、公正な判断を下しているように思える。ロシアが共産党国家ソ連となって、領土的野心と共に思想的野心をもって、支那大陸北方にあった事も、日本の危機感の源だったと指摘する。

支那大陸でも中華民国の国家体制が揺らぎ、中国共産党が躍進しようとしていた事実をもとに、共産主義の攻勢から日本を守る必然性にも言及しているのだ。

日本の地政学的環境を「東京裁判」の後知ったのは、他ならぬ「東京裁判」の主幹者であったマッカーサー元帥その人であった。

マッカーサーは、中共が北朝鮮と共に突然韓国に攻め込んだ「朝鮮戦争」でも、最高司令官を務めた。

共産軍、つまり中共と北朝鮮の攻撃の前に、アメリカ、韓国軍は圧倒され、一気に朝鮮半島南端にまで押し込まれ、敗亡の瀬戸際に立たされるのだ。

そのときマッカーサーは、日本にとっての朝鮮半島の意味を知ると同時に、満州という朝鮮半島と大陸との緩衝地帯の重要性を痛いほど思い知ったことだろう。

攻撃勢力の進攻が朝鮮半島の半ばを超えてしまえば、日本の防衛などおぼつかない。

朝鮮半島の釜山から博多までは約二一〇キロメートル。軍艦でわずか五時間足らず。攻撃機であれば、一時間で飛来できた。

日本が明治維新以降、常にロシア・ソ連という超大国と対峙し、絶えざる圧力のもとにあったという事にも、マッカーサーは思い至ったことだろう。

追い込まれたマッカーサーは、トルーマン大統領に戦線での原爆の使用、そして満州の爆撃と、東シナ海に面する支那大陸の全港の封鎖を進言した。

結果、トルーマンはマッカーサーを解任した。

それは、第三次世界大戦に進展することを恐れたからだと言われている。

一九五一年五月三日、アメリカ上院軍事外交合同委員会で、マッカーサーはこう証言している。

「したがって彼らが戦争に飛び込んでいった動機は、大部分が安全保障の必要に迫られてのことだったのです（Their purpose, therefore, in going to war was largely dictated by security.）」

領土的野心からでもなく、侵略意志を持って大東亜戦争に入ったのでもない。

日本の地政学的な、そして時代的な背景から見れば、大東亜戦争は自衛目的であった。

連合軍の最高司令官がそのように証言した事実はあまり知られていない。

不思議な事に今でも私たちの多くは、大東亜戦争の原因の全ては日本の侵略的野心からで、一方的に悪いのは日本だと信じている。

戦争を賛美する訳もない。支那大陸・アジア諸国の惨禍は心に刻むべきだ。ただ、私たちは、多くの犠牲の意味を、そして、未だに悪い国と指摘されると、自虐的に首を垂れ、戦争の意味を論じる事すら避ける、今を変える責任がある。

東京裁判で裁かれ、六人の死刑者を出した。日本の罪、つまり侵略国家としての罪状は確定していると信じられている。しかし、そんな「東京裁判史観」の中核を未来のために今見直したいと考える。

戦争に反対し、自分たちの祖先の選択を批判することは簡単だろう。

しかし、忘れてはならないのは、歴史をじっくり顧みて、過去に生きた日本人の必死さや、国の独立を守り被支配民族にならないように闘った人々の「思い」を知ることなのだ。

それは、私たちが彼らから受け取ったものの大きさを知ることにもつながる。

それを知ってこそ、私たちは、子孫に何を手渡していくべきかということに思い至るのではないだろうか。


大東亜戦争ではアジアの国々が大きな被害を受けた。その当事国として戦争の被害を受けた人々に、日本は謝罪をしてきたんだ。

でもね、戦争はどちらかの国々が一方的に悪いなどという事はない。

そして、過去の歴史を、子孫が謝り続ける必要はない、と父さんは思う。その時代にはその時代の環境があって、その時の日本人は日本の独立を守る為に必死に考え、戦ったんだ。

有色人種の最後の砦として、白人の大国と戦い続けた結果、アジアやアフリカに独立国が次々と生まれる事にもつながったんだ。

この旗を見てごらん。日本の国旗だって？　違うよ、これはね、一九九四年に独立した南洋のパラオ共和国の国旗なんだ。パラオは一九一四年に日本の統治領になって、一九四五年まで日本の施政の元にあった。

その戦後アメリカに統治されていたパラオが独立する際、かつての統治国日本が、学校を作り、畑を作り、発電所を作り、パラオのために尽くしたことを思い出し、制定した国旗だと言われているんだよ。

今でもパラオの人たちの八割は姓名に日本の名前をつけているそうだし、独立式典では、日本の君が代が流れたと、父さんは親しい人から聞いたんだ。

「統治時代の日本人は、皆素晴らしかった。白人とは全く違った」

パラオの人たちはそう語ってくれたそうだ。その話を聞いて涙が零れたんだ。

歴史にはいろいろな面がある。でもね、日本が悪い国なんて事は全くない。

父さん、君にそれだけはしっかり頭に置いておいて欲しい。

日本は素晴らしい国なんだ。

その国を守って、今この日本を残してくれた人たちの事を、父さん、誇りにしているんだよ。

第３部　日本人の学び

勤勉で、正直で、学び好き。
自己犠牲の精神を持ち、子孫の代までの幸せを想う。
そんな特性をもつ祖先の奮闘があったからこそ、
今のこの日本があるのです。
二一世紀を生きる私たちの根っこ、
その遺伝子を歴史の中に探してみましょう。

第９章　一九六四年　東海道新幹線開通——革新的な発想

父さん、イギリスから出張してきたお客さんと京都に行ってきたんだけど、日本での一番の驚きは、何だって言ったと思う？

新幹線なんだって！　君たちが大好きな新幹線さ。

「一時間に何本東京駅から発車するんだろう？　えーっ！　一二本、つまり五分おきにかっ？」　そう言って驚いたんだよ。

でもね、もっと驚いた事があるって言うんだ。

それは、新幹線が到着時刻に遅れたお詫びのアナウンスなんだって。

君はなん分遅れたんだと思う？　それはたったの一分だったんだ。

その一分の遅れを、車内放送してまで謝る日本の鉄道に驚いたと言うんだよ。

鉄道の発祥地イギリスでは、発車や到着時刻を知らせる電光掲示板には、電車の定刻時刻の横に、見込み時間を表示させているほど、遅れるのが当たり前なんだって。

君たちにとって当たり前の新幹線は、世界鉄道の常識を大きく変えたんだよ。

そしてね、日本人のライフスタイルを一番変えたのも、やっぱり新幹線だと思うよ。

東京と大阪、名古屋、仙台、博多地方の大都市を数時間で結ぶ。しかも、あれだけの本数でね。一日に東海道新幹線は、一七〇本も大阪に向かって走るんだ。

そうそう、この新幹線の構想はね、日本がアメリカと戦うもっと前から描かれていたんだよ。今の新幹線と全く同じ内容でね。

私たちが世界に誇る、いや世界の鉄道の常識を変えた新幹線はどうやって生まれたんだと思う?

夢の超特急新幹線

東京駅——。
日本の首都東京の表玄関とも言うべきこの鉄道駅を、毎日およそ一一三万人もの人々が利用しているという。
プラットホームの数は一五面三〇ホームあり日本一、広大な延床面積は約一八万平米という。
そんな、東京駅のシンボルといえば、やはり新幹線である。
東海道・山陽、東北、秋田、山形、上越、長野と、いまでは多くの新幹線がこの駅を発着しているが、最初に開業したのは東海道新幹線だった。
その東海道・山陽新幹線の中央改札を入り、一八番線と一九番線のホームに向かう途中に、ぜひ目を留めてほしいものがある。
階段下の正面の壁の一角に、ひっそりと設置されているその銅版には、次のような言葉が刻まれている。
「東海道新幹線
この鉄道は
日本国民の
叡智と努力によって
完成された」
敗戦からわずか一九年後の一九六四年一〇月一日。

世界初の高速鉄道として開業した、東海道新幹線。

総工費三〇〇〇億円、当時の年間国家予算の実に一〇%を投じ、正に国家を挙げての一大プロジェクトだった。

時間の短縮――それこそが人類の進歩の証といえる。

人と物の遠距離移動を、より早く、より大量に行うことこそが「経済」そのものであると言ってもよいだろう。

東海道新幹線は、開業時の最高速度が時速二〇〇キロで、当時の鉄道としては世界最速だったので「夢の新幹線」とも、賞賛されたものだ。

そして、ただ速いだけではなく、輸送量のとてつもない増加は、日本が経済大国へ駆け上る大きな牽引役となりえた。

いったい、どのくらい増加したのか、新幹線ができる前と現在との輸送量の違いを見てみよう。

私の手元に一冊の古びた時刻表がある。一九六一年、新幹線が開通する三年前に出版されたものだ。

東京を出て大阪へ向かう特急、急行列車のうち、始発列車は「こだま一号」で、朝七時発。大阪着は一三時三〇分。所要時間は六時間三〇分だった。

最終列車は東京発が二三時四五分。これは大阪駅でなく湊町（現在の難波）行きとなっていて、到着は翌朝九時一一分。実に一〇時間二六分もかかる長旅だったことに父さんは驚かされた。

本数を見てみると、東京から大阪を結ぶ下り特急・急行列車の数は、一日、三五本でしかなかった。

それに対して現在の本数はどうなっていると言えば、一七〇本以上にもなっている。

一九六一年の東海道本線の特急、急行列車に比べ、五倍以上の本数が運行されていることになり、乗車人数となると、さらに大幅に増加している。

六一年当時は、一列車あたりおおよそ、一一両編成、四百席程度だったが、現代では主流のN700系新幹線で、一六両編成の一三〇〇席以上にもなる。

座席数と運行本数をそれぞれかけると、一日に移動できる人数は、およそ一万四〇〇〇人だったのが二三万人、なんと一五倍近い。

さらに現在は、同じ東京～大阪間を、飛行機で移動する人も大勢いる。現在は八〇便以上の飛行機が、東京～大阪間を往復しており、毎日三万人弱がこれを利用していることを考慮して、この増加が経済に及ぼす影響を思うと、まさに「経済とは移動」なのだと感じる。

それだけ、この「夢の新幹線」の登場は日本中の人を揺るがす出来事だった。

世界を変えた新幹線

しかし、東海道新幹線の登場に驚いたのは、日本国内の人たちだけではなかった。高密度ダイヤでの高速大量輸送を、しかも快適性を備えた車両によって可能にした新幹線のシステムは、世界各国に驚きを与え、ヨーロッパの国々で、「日本の新幹線に続け」とばかり、次々に高速鉄道が誕生した。

フランスでは八一年、イタリアでは八八年、ドイツでは九一年に、それぞれＴＧＶ、ディレッティシマ、ＩＣＥという、各国の威信を賭けて開発された高速鉄道が営業を開始しているのだ。

そして二〇一二年には、「鉄道の元祖」と言われるイギリスも、これに続いた。ロンドン・オリンピックの年に、「日本のＳＨＩＮＫＡＮＳＥＮ」システムを導入した高速鉄道ＨＩＧＨ　ＳＰＥＥＤ1が登場したのだ。

車社会の進行で衰退に向かっていたヨーロッパの鉄道を、日本が誇る「ＳＨＩＮＫＡＮＳＥＮ」事例が救った。

そう言っても決して過言ではなさそうなのだ。

模型から実物を作る技術

日本人が初めて「鉄道」にふれたのは、いつのことだったのか。

世界に先駆けた英国での鉄道運行の始まりは一八二五年の事である。

一八六三年、幕末に秘密裏に英国へ留学した伊藤博文、井上馨らのいわゆる「長州ファイブ」は、鉄道発祥の地イギリスで実際に運行されている鉄道の姿を目にしたことだろう。

しかし、模型ではあるが一八五四年に蒸気機関車は、日本の地を走っているのだ。

ペリー艦隊が浦賀に二度目の来航をしたときに、レール幅五五〇ミリもある大型の鉄道模型を横浜応接所の庭に持ち込んだとの記録が残っている。

「火発し機活き、筒、煙を噴き、輪、皆転じ、迅速飛ぶが如く」

河田八之助興という人物は、その汽車に馬乗りになり、その時の驚きを日記にそう記した。

模型の蒸気機関車は時速三二キロものスピードで走ったというのだから、河田氏の興奮は強烈だったであろう。

ペリーが持ち込んだ鉄道模型

ほぼ同時期に、長崎に開港を求めて来航したロシア国のプチャーチン艦隊も、やはり汽車の模型を持ち込んだといわれている。西欧文明の先進性に驚き、恐れ、動転する日本人。それは、ペリーの黒船四隻を見たときも、汽車の模型を見たときも同じだったに違いない。

しかし、ただ驚くだけには終わらなかった。日本人の特性は、その次の行動にある。黒船や、汽車の模型を見て、「よし、あれを作ってみよう」と考えたのだ。

そして、驚くことに短期間で作ってしまったのだ。蒸気機関の原理は当時の日本人知識層にとって、自明のものであり、ただ恐れるだけということはなかったのだろう。

佐賀藩では一八五五年に全長二七センチほどのアルコール燃料で走る模型の機関車が完成したが、それは、ペリーの模型に仰天した僅か一年後の事だった。

その後、薩摩藩、加賀藩、福岡藩の各藩で、その挑戦が試みられたが、それらは新幹線開業の一一〇年ほど前の事でしかなかった。

ペリーもプチャーチンも、自分たちが「後進の民族」とみなしていた日本人がそこまでするとは、まったく予想していなかっただろう。

国策としての新幹線

その後明治、大正の時代を経た日本は、ペリーの来航から約七〇年後には、世界最高水準の鉄道技術を持つようになっていった。

一九二九年（昭和四）に新設された特急つばめは、広軌に比べてスピードの出しにくい狭軌でありながら、平均時速六九キロ、東京〜大阪間を八時間で結んでいた。

新幹線計画の端緒は、それから一〇年後の一九三九年（昭和一四）だった。

構想の初期段階では、「大陸との連絡交通の完成」を目指す計画の一環として始まり、北京から東京までを二泊三日で結ぼうという、広大で夢のような計画だった。

その計画を打ち上げたのは、時の鉄道大臣であった中島知久平。一九三七年（昭和一二）のことであった。

彼のビジョンをもとに、二年後の七月一一日に「幹線調査会」が設置され「新幹線」という名前は、この調査会の中で既に使われている。

計画では、東京～大阪間を四時間半、東京～下関まで九時間で結ぶとしていて、下関から釜山まで関釜航路を船で渡り、更に北京まで、およそ三日間の旅程は夢に満ちた行路だ。平均時速一五〇キロ、ゆくゆくは二〇〇キロの運行を実現し、東京～大阪間を二時間半で結ぶことが盛り込まれたそれは、「弾丸列車構想」と呼ばれた。

二〇〇キロという高速化など、当時の常識をはるかに超えていて、人々の感覚では、まさに「弾丸」並みに思えたのだろう。

一九五〇年代になっても、世界最速の列車は、時速一六〇キロで巡行するフランスのミストラル号で、アメリカではペンシルバニア鉄道の一五三キロが最速であった。

それらを超える高速鉄道の計画が、一九三〇年代の日本で立てられていたという事実は注目に値しよう。

翌一九四〇年（昭和一五）の第七五回帝国議会において、この計画の予算案が可決され、次の年には東海道新幹線における最難関工事と目された、新丹那トンネル、日本坂トンネルの工事が着工される。

目指すは一九五〇年（昭和二五）の開業であった。

しかし、日本坂トンネルが完成した一九四四年(昭和一九)。戦況が悪化していく中、「鉄道は兵器なり」と称され、その役割は兵器や兵員、物資中心の輸送に大きく限定されたため、特急や急行は次々に消えて行き、新幹線計画は中止とされた。

伝説のデゴイチ

やがて敗戦。

米軍の空襲により甚大な被害を受けた国内の鉄道は、半身不随の状態であったが、日本の鉄道は、残された機関車を総動員して、粗悪な燃料、石炭にも関わらず、その運行は一日も休むことはなかったという。

一九四五年(昭和二〇)八月一五日の敗戦の日でさえも鉄道は運行し、蒸気機関車のいつもと変わらぬ汽笛が日本人を励ましたのだ。

日々戦地から帰ってくる復員兵や引揚者たち、命をつなぐヤミ米、食糧を求める人たちを黙々と運び続けたのだ。

瀕死状態の日本の命脈をつなぎ続けること。

戦後期の鉄道は、その大事な役目を果たすだけで精いっぱいで、高速化どころではなかった。戦後しばらくの間、日本では、特急つばめを超える高速列車は運行されていない。

では、「弾丸列車構想」に再び光を当て、実現に向けて動かし始めた人物とは、いったい誰だったのだろうか。

それは、戦後早々、いや戦時中から、中止されたままになっていた新幹線構想を、ひそかに頭の中で磨き上げていた一人の技術者だった。

その人の名は島秀雄。

蒸気機関車の代名詞とも言えるＤ51（デゴイチ）を設計した技術者であり、戦前の最速列車、特急つばめを牽引したＣ53の設計にも参加した俊英だ。

磐越西線を復活したD51（2011年4月）

そして、島秀雄は、一九三九年（昭和一四年）「弾丸列車構想」を打ち上げた「幹線調査会」で、委員長を務めていた島安次郎の息子でもあった。

当時、世界の超特急と呼ばれる列車は、平均時速一二〇キロ程度だったが、時速一五〇キロが新幹線の目標とされた。

欧州の大地が第二次世界大戦の戦雲に覆われる中で、軍用輸送を目的として鉄道技術は成熟期に向い、鉄道先進国の進歩を横目に、更に想像を超えた次元へと新幹線計画は進んでいたのだ。

時速一五〇キロの新幹線の機関車を、どのように作ったらいいのだろう――。父・安次郎が描いた雄大な理想を実現すべく、島秀雄は腕を撫して構想を練ったに違いない。

戦況が悪化し、「鉄道は兵器なり」とされた時期、島秀雄の仕事も、戦時対応の貨物用蒸気機関車の設計へと変わっていた。

しかし彼は、高速鉄道の夢を見失うことはなく、敗戦に向かって日本の国全体が転がり落ちていくような日々のなかでも、「高速鉄道は、電車がいい」と考え、熱い思いを胸に、部下と高速電車の研究を続けていたのだ。

彼が構想した電車形式の新幹線の設計にあたり、最大の課題となったのは、振動の制御だったという。

機関車で牽引する客車方式と違い、当時の電車は揺れが非常に大きく、高速運転の列車にとって、振動の発生は、乗り心地を損ねるだけでなく、事故の直接的原因となる。

ゆえに、当時の常識では、電車形式での高速鉄道は難しいとされていた。島秀雄はこの問題に早くから目をつけ、終戦直後の一九四六年（昭和二一）「高速台車振動研究会」の設立を呼びかけたのだ。

まだまだ焼け跡の残る東京で、この会に大手民間企業六社が、参加に応じた。

振動問題という大命題を解決する際に大きな力となったのは、敗戦によって航空設計の仕事を失った技術者たちだ。

占領軍は、航空機をはじめとするあらゆる軍需品の設計、製造を、日本人に禁じており、海軍、陸軍の航空機設計、研究の技術者たちは、これにより失業の憂き目に遭っていたのだ。

言うまでもなく、航空機設計の技術者は当時の最先端を行くハイテク技術者たちであり、そうした旧軍関係技術者を、国鉄は一〇〇〇名以上、招聘したと言われる。

「零戦」の振動問題を解決した松平精も、その中の一人であり、新幹線には、いわば零戦の技術魂が引き継がれることになったのだ。

しかし、破壊された鉄道網の復旧が優先であり、「弾丸列車構想」はしばらくの間忘れられていた。

新幹線開業

日本の戦後復興は、一九五〇年（昭和二五）の朝鮮戦争をきっかけにどんどん加速し、一九五六年（昭和三一）の『経済白書』には、「もはや戦後ではない」という有名な言葉が登場するに至る。

ちょうどその頃、遂に島秀雄の夢を後押しする重要人物が現れた。

その人物とは、一九五五年（昭和三〇）に七一歳で国鉄総裁に就任した、十河信二だった。

先述の、「経済とは移動である」ということを、直感的に理解していた十河の登場により島安次郎、秀雄親子の夢は、現実の路線へと具体化されていくのだった。

十河の国鉄総裁就任時、島秀雄は住友金属の取締役に就いていていたのだが、十河は彼のもとを訪ね、こんな言葉で口説いたと言う。

「親父さんの弔い合戦をやらんか?」

「君には子として親の遺業を完成させる義務があるじゃないか。親孝行を忘れたか」

十河信二が国鉄総裁に就いてから二年後の一九五七年（昭和三二）、運輸省に「日本国有鉄道幹線調査会」が設置された。

「夢の新幹線」が、いよいよ実現への道を歩み出したのだ。

「弾丸列車構想」のときに立ちはだかっていた技術の壁は、その後二〇年のあいだにほぼ突破されており、もちろんそれは、島秀雄が父から受け継いだビジョンと、並々ならぬ熱意があったからだ。

新幹線の開業にあたっては、技術面もさることながら、お金、つまり予算も大きな関門だったが、これは世界銀行からの借款でまかなわれた。国鉄分の借款は八〇〇〇万ドル、償還期限は二〇年であった。

世界銀行の融資史上、当時三番目の大型融資と言われたこの借款。

「世界に四バカあり。万里の長城、ピラミッド、戦艦大和に新幹線」という嘲笑も、世界にあったと言われている。

そして、一九六四年（昭和三九）一〇月一日、ついに東海道新幹線は、一九五九年（昭和三四）四月の着工から僅か五年六ヶ月で開業の日を迎えた。

アジア初のオリンピックとして世界の注目を集めた「東京オリンピック」開会式の、一〇日前のことであった。

その後、営業日数一〇〇〇日で、乗客数は一億人、三〇〇〇日で五億人を数えることになる。

現在、新幹線は、北は青森から南は鹿児島までを結ぶ日本列島の大動脈として、年間三億人以上の人々を運んでいる。

新幹線の開業は、日本人のライフスタイルから経済のありかたにまで、大きな影響を与えた。日本のいまの姿があるのは、新幹線あってこそだと言っても、決して過言ではないだろう。

冒頭で紹介した、東京駅の一角にあるプレートに刻まれた言葉。

それは、新幹線という乗り物が、日本人の長い長い想いの涯《はて》にあるのだということを、静かに物語っている。

鉄道発祥の地イギリスに、新幹線のシステムが輸出された。父さんはね、そのニュースを聞いた時、胸の奥が熱くなったんだ。世界で最も正確で、安全で、多くの人々を運べる日本の新幹線を、元祖イギリスが認めてくれたってね。

二〇一六年の春には北海道新幹線も新函館まで開通するんだ。新函館から東京まで、約四時間で結ばれるんだって。すごいよね！　鹿児島まで何時間でつながるんだろうね。そうだよ、一二時間くらいかなぁ……。できたら直通列車ができないかな……。

だって戦前は、東京発北京行き、いやパリ行きの構想があったんだもの。まだ、線路はつながっていないけど、新幹線というシステムは世界に向かって果てしなく広がっているんだ。

私たちの先輩の構想は、本当に世界を視野に入れていた。凄いよな。世界を観て、日本を考えた。

なぁ、今度一緒に東京駅新幹線の地下ホームへ、あのプレートを見に行こうよ。そっと触るとね、先祖の人たちの声が、聞こえてくるような気がするんだ。

第10章　一八五九年　吉田松陰死す——飽くなき勤勉性

この間母さんが、君が勉強しないって嘆いていたぞ。まあ、勉強が好きな子どもなんていないからなぁ。父さんもよくおばあさんに怒られていたものだよ。

父さんね、勉強って何だろうな？　って考えた事があるんだ。

それで、こう思ったんだ。

将来の生き方を考えることが、勉強なんじゃないかなって。

えーっ!?　カッコよすぎるかい？

いやいや、ある人の語っている言葉から思った事なんだ。

「自分の長所を知ってから、どう生きるか決めなさい」

そんな言葉でさ。

吉田松陰という人の言葉なんだ。よく長所を伸ばしなさい、と言われるだろう？

長所って何だろう？　今好きな事ではない、と父さんは思うんだ。

松陰という人もね、簡単には見つからんぞって言うんだよ。今やるべきことを、とことんやる。三年でよいから必死でやってみる。するとね、本当の長所が見つかるって言うんだよ。

それでね、長所が見つかったら、生き方を考えるんだってさ。

そうだね。松陰先生の教えについて、少し話してみようか。

郷中教育

歴史を観ていると、「なぜこの時代、この場所で、このようなことが起きたのだろう?」と、不思議に思うことがたくさんある。

しかし、詳しく観ていけば、その不思議には必ず理由があって、起こるべくして起こったことだとわかる。

その時点では不思議で、びっくりするような出来事であっても、少し先の未来から観ると、「この出来事を起こすためのものだったのか……」

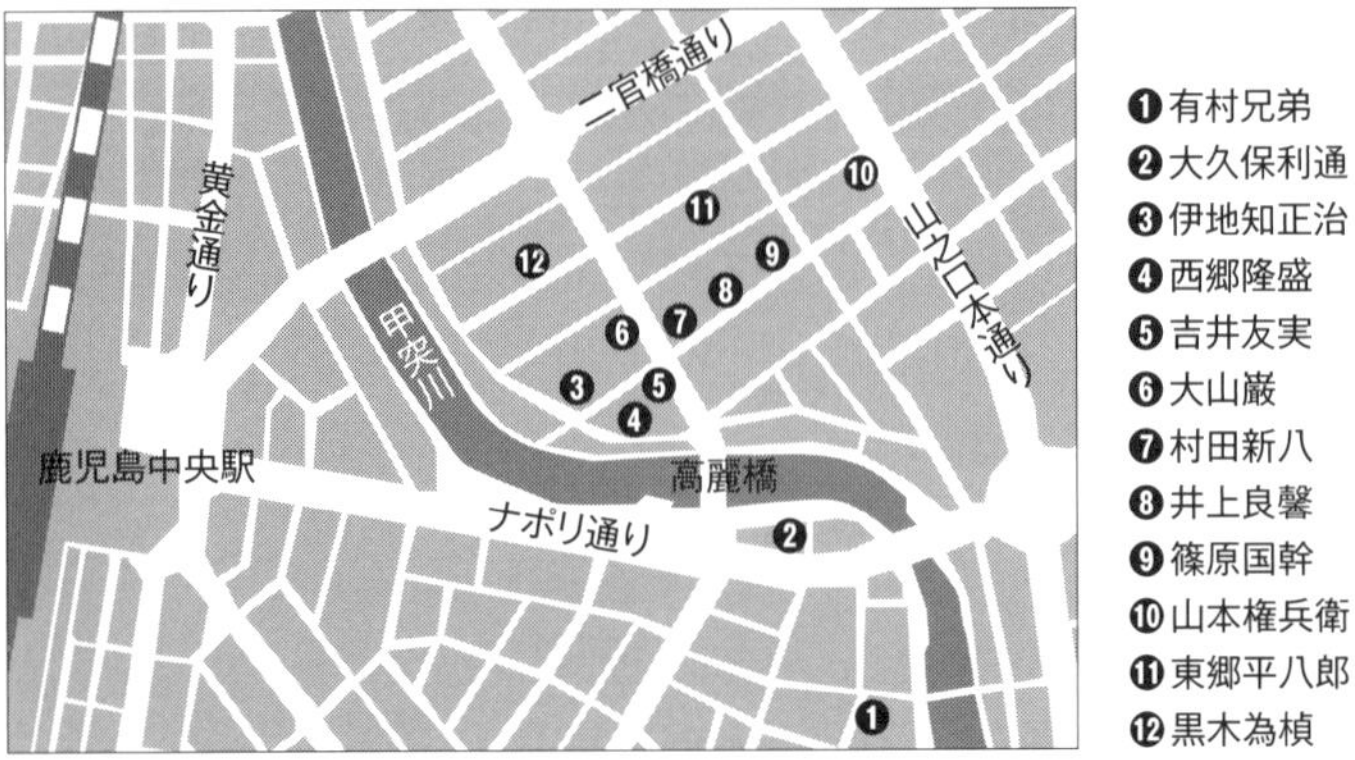

明治維新の偉人たちが誕生した地。鹿児島県加治屋町周辺

「こんなことを教えるためのものだったのか！」

と、理解できるものだ。

だから、歴史を知れば知るほど、一つの真理にたどり着く。

世の中で起こることは、すべて必然必要があって起こる。

偶然などということはない。そんな真理だ。

世の中を変える人財は、ある時、ある場所に群がるように生まれてくる。

鹿児島市に、加治屋町という名の地区がある。ほぼ五〇〇メートル四方の小さな町区なのだが、その小さな一地区は、歴史に名を残した、偉人と呼ばれる人物を数多く排出している。

西郷隆盛、大久保利通、東郷平八郎、大山巌、山本権兵衛、村田新八……。他にも数多くの人物が、この加治屋町の出身だ。

西郷隆盛といえば、言わずと知れた明治維新の立役者だが、西郷の育った家から五分ほど歩いたところに、大久保利通の家もある。

大久保は、維新成立後に富国強兵路線を明確に打ち出し、現代に続く官僚機構の礎をも築くなど、日本を統治する上でのかたちを作った人物だ。

近所で育ったこの二人は、幼少期から少年期にかけての教育をともに受けた親友同士だった。

薩摩という大藩で、わずか五〇〇メートル四方の加治屋町という小さな場所から、国家をかたちづくった人物が数多く生まれ育っていたのだという事実には驚かされる。

日露戦争という日本の興亡をかけた戦いを勝利に導いた二人の将軍、陸軍の指揮を統括した大山巌、海軍の総指揮官東郷平八郎の二人も、この地区の出身だ。

人財は群生すると言われるが、確かにそう思える。

薩摩藩独特の教育として、「郷中教育」がある。

子どもたちは六歳になると「舎」という場に集まり、先輩が後輩を指導するという形式でこの教育を受けた。

郷中教育は、今も語り継がれる三つの教えを、育みの核としている。

一、負けるな
一、嘘をつくな
一、弱いものをいじめるな

現代においても万人に通じる、正しい人間の基盤であろう。

学びのスイッチというものは、誰かを尊敬することで入るもので、どんなによい教えも、それを伝える人に対する尊敬心がなければ、身体に浸み入ることはない。

加治屋町には、西郷隆盛という尊敬すべき大先輩がいた。西郷の息吹に触れることのできた少年たちの興奮は、どれほどのものだったであろうか。

その後、西郷の指導を間接的にしか受けられなかった少年たちにも、伝説的な人物のその影響は多大なものであっただろうと想像できる。

師とは、直接的な言葉で何かを教える人ではない。正しい生き方を示し、将来のその人の生きる道筋をなるほどそうかと納得させてくれる人間を指すのだと思う。

維新の精神を説いた松陰

薩摩とともに、幕末期に倒幕への道を駆け抜けた長州藩。

ここにも少年たちが尊敬の目を輝かせた人物がいた。

吉田松陰その人だ。

明治維新は、近代化に遅れた時代に決別し、天皇中心の国家としてまとまり、西欧の植民地とされない強い日本を創ることを目指した。

長州藩において、その論理的中心が松陰だった。

松陰は一八三〇年八月四日、杉家の次男として長門国萩松本村（山口県萩市の一地区）に産まれた。

幼い頃に生家を離れ、兵学師範を家業とする吉田家の養子となり、六歳で当主となった。

一〇歳の時には、藩校の明倫館で山鹿流兵学を講義し、一一歳の時には藩主・毛利慶親公の前で『武教全書』戦法編三戦を講義するなど、松陰の天才ぶりを伝える逸話が数多く残っている。

下田踏海

一八五四年三月。

二〇歳になった松陰は、下田に来航したペリー艦隊の船に、同じ長州藩の知人である金子重之輔とともに乗り込んだ。

アメリカという国を知りたい。行ってどんな国か、この目で見てやりたい。

その一心で、密航を果たそうとしたのだ。

しかし、日本と友好条約を締結したばかりのアメリカは幕府に気をつかい、その申し出を拒絶した。のちに「下田踏海」と呼ばれるこの事件で、松陰は萩にあった野山獄に投獄されることになった。

野山獄とは士分の者だけを収容していた監獄だった。

そこで松陰は、囚人たちを相手に孟子の講義を始めるのだが、この時の講義は後に「講孟余話」としてまとめられている。

さて、獄中にいる松陰が獄舎の囚人たちへの講義が可能であったり、新入りである松陰の講義を囚人らが、おとなしく聞いたのはなぜだったのか。

囚人が松陰の話を聞いた理由としては、罪状が国策（鎖国令）を犯して海外に遊学しようとしたという、驚天動地の罪だったことと、入獄してからの松陰の勉強ぶりに驚き興味を持ったからだろう。

松陰は入獄二ヶ月間で一〇六冊、翌年一二月二五日に出獄するまでに、さらに五五四冊の本を読破したほどの勉強量だったという。

松陰の講義を受けた、囚人の数は一一名。そして、この獄中での勉強会はその後、句の道に詳しいものは句の講義を、唐詩に優れた者はその講義を行なうというかたちで、学びを共有する場にしていった。獄を管理する役人まで学びの場に参加したという。

松陰はどんな人間にも一、二の才があると考えていた。そしてその才に学ぼうとする態度が人間を成長させるとも考えていたのだった。

その信念は囚人に対してといえども、何も変わる事はなかった。

「一事の罪何ぞ遽（にわか）に全人（ぜんじん）の用を廃することを得んや」

松陰の言葉だ。

たとえ罪や問題のある人間であっても、悪いのはその一事だけで、その人間を全否定することは正しくない。そんな松陰の人間に対する優しい視点が垣間見える考え方だ。

至誠という哲学

松陰は、実践の人、行動の人であった。

入獄のきっかけとなったペリー艦隊への交渉など、机上の学問だけに生きる人間には思いもつかない行動だったであろう。

まして、異人の只中に乗り込んで、「米国へ連れて行け！」と直談判に及んだのだから、その大胆さは尋常ではない。

幕末の有意の武士階層の人々は、日本は西洋国家によって侵攻され、植民地にされるのではないかという恐怖心に覆われていた。

強大な力を持つと信じられていた隣国の清でさえ、アヘン戦争で英国に敗れ、半植民地にされてしまっていたからだ。

まさにその時期に、ペリー艦隊が日本に現れたのだ。

松陰は、この報を聞くや「見たい！」と思ったのである。

今すぐ見たい、黒船を。その黒船を作ったアメリカという異文化の国を。

そう熱望し、そして結果を考えることなく、その時最善と思える行動にでる。

良いと思ったことは損得の計算をせず、即行動する。それが松陰の信念であった。

「至誠にして動かざるもの未だ是あらざる也」

この孟子の言葉を松陰は弟子たちによく語った。

至誠――それは、正しいこと、良いと思うことを、即行動に移すこと。

高杉晋作は、吉田松陰門下にあって、松陰が最も高く評価した弟子で、幕末の闘いに当たっての晋作の縦横無尽の戦いぶりは、「胸躍る」、そんな形容がぴったり来るようなものであった。

彼が初めて松陰を訪ね、入門を願った時、ペリー艦隊に対する幕府の弱腰を追及する書を提出した。

吉田松陰像（自賛）［吉田家本］
山口県文書館所蔵

黒船など、さっさと乗り込んで敵の大将ペリーを殺せば、退散しただろうに。

いやいや、火をつければ、沈めることだってできる……。

その書を松陰は突き返す。そしてこんな言葉を晋作に告げたのだ。

「事を論ずるには、当に己の地、己の身より見を起すべし」

何かを議論する時は、己の身、つまり自分の力でできることを言いなさい。己の地、自分の立場で為せることから言いなさい。

お前は黒船を見たか？　あの巨大な船に乗ったのか？　空虚な論議をすべきではないぞ。

松陰はそう言いたかったのだろう。

至誠を通せよ。お前の才を活かす一番の指針だぞ。

実践と行動を重んずる、松陰の人となりを感じさせる一言である。

一八五六年（安政二）、野山獄を出た松陰は、自宅謹慎を命じられ幽囚の身となった。

受け継がれる松蔭の教え

現在、山口県萩市には、松陰をまつる松陰神社がある。境内には、松陰が講義を行った私

松下村塾。山口県萩市松陰神社内

塾、「松下村塾」の建物も、修復されて現存している。

松下村塾を初めて見る人は、一様に同じ感想を口にする。

こんなに小さいのか……。こんなに粗末な建物だったのか……。

そうなのだ。小さく粗末なこの松下村塾から、きわめて優秀な人財が次々に輩出され、今の日本への道が延びていったのである。

松下村塾とは元々、一八四二年に叔父の玉木文之進が始めた、長州藩士の子弟のために開いた私塾で、松陰も幼少の頃から叔父に厳しく鍛えられた。

野山獄を出た松陰が、謹慎していた自室（三畳間）で、身内に孟子の講義を始めると、近隣の子弟や噂を聞きつけた人が集まり三畳間では手狭になった。そこで一八五七年、庭の畑にあった納屋を改造して松下村塾として引き継ぐことになった。

松陰の松下村塾は、武士階層だけではなく、農民の子も商人の子もおり、多くは近所の人間であったが、噂を聞きつけ遠方から来た者もいたという。

平均年齢は一八歳程度、最年少は九歳。もちろん松下村塾には入塾試験などなかった。

安政の大獄により、野山獄に再収監されるまでの間、松下村塾で教えた期間は実質一年四ヶ月間でしかなかった。

その短期間に学んだ塾生の数は、七〇名とも九〇名とも伝えられているが、塾生名簿が残っていないので確かなところは不明である。

短期間の教育で、塾生から、二名の内閣総理大臣が誕生している。初代総理大臣の伊藤博文と、山縣有朋だ。

他にも三名の国務大臣も生まれている。品川弥二郎、山田顕義、野村靖だ。

本来この五人の中で身分的に藩校明倫館に入れたものは品川ただ一人で、身分に関わらず、学びの門を開いた松陰の意志が人財を育てたと言えよう。

高杉晋作、久坂玄瑞、入江杉蔵といった、この五名以上に松陰が大きく期待した俊英、人財が育ったという。

彼らは維新に至る戦いの最中に死んでしまうのだが、その死は確かな導火線として、近代日本の幕開けに連なっていく。

わずか二九年という短い生涯の間に、これだけの数の偉人を育むことに、圧倒的な力を発揮した松陰。なぜこれほどの教育の成果を挙げられたのだろうか。

理由の一つに、松陰のすぐれて優しい人柄があったようだ。

「学とは人たる所以を学ぶ也」

松陰は学びの目的をそう語った。人間はどう生きるべきか、それを学ぶのだよと。

松下村塾の講義室には、「聯（れん）」と言う、門人への憲法のようなものが書かれた竹が掲げられており、現地に行くと今もレプリカで見ることのできるこの「聯」には、こんな文章が書かれている。

「万巻の書を読むにあらざるよりは、いづくんぞ千秋の人たるを得ん。一己の労を軽んずるにあらざるよりは、いづくんぞ兆民の安きを致すを得ん」

読書をしなさい。それは古からの素晴らしい賢人の教えに触れる事ですよ。

小さな当たり前の事を、大切にしなさい。労を惜しむようでは、世の人々に役立つ人間にはなれませんよ。

松陰は人間の偉大さを教えようとしたのだ。当たり前の事をきっちりと続けていけば、誰でも世の役に立つ人になれると。

どうだろうか、今を生きる君も勇気を持てる言葉ではないだろうか。

松陰が塾生に語った一番大切な言葉は、「志を立てて萬物の源を為す」という言葉だと思う。

志こそが全ての源だと言うのだ。

志とは、世の為人の為に役立とうという思いである。

どんな時代でも思春期の子どもの多くは、

「自分のような人間にも、世の中に役立てる長所はあるのか？」

といった疑問を持つものだ。

これに対しても松陰ははっきりと断言している。

「人賢愚ありといえども、各々一、二の才能なきはなし」

人によって頭の良し悪しはあるだろう。しかしどんな人間にも、一つや二つの長所は必ずあるのだよと。その長所を活かせば志に必ずたどり着く。

長所を見つけるためには、読書をしなさい。どんなことも怠らず、日々の小さな行為一つひとつに全力で真剣に臨みなさい、と松陰は言っているのだ。

松陰の最期

萩の地で蟄居を命じられ、松下村塾を開塾してすごしていた松陰に、一八五九年、安政の大獄に基づく幕命が下り、松陰はこれにより野山獄に再収監され、その後江戸送りになった。
多くの塾生、家族は、これが死出の旅になるだろうとの予感を持って、万感の思いで見送った。

「誠をもって役人に話せば、正しい考え方は理解されるだろう。そのことを、実際に試してみたい」

そんな言葉を塾生たちに残し、五月二五日、萩を後にした松陰は、萩城下をいよいよ離れる刹那の思いをこのように詠んでいる。

「かけまくも　君が国だに　安かれば　身をすつるこそ　賤が本意也（日本の国が安らかに続いていくのであれば、自分の一身はどうなってもかまわない）」

松陰は死罪を告げられる前からそれを予見し、母にも次のように手紙を書いた。

「私の学問が至らず浅かったために、幕府役人の考えを正すことができませんでした」

死罪になることも、自分の学びが浅かったからだ。すべては自分の責任だ、と言うのだ。
まさに、至誠をとことん実践する人生であった。

「至誠にして動かざるもの未だ是あらざる也」

松陰の大切な思いである。

松陰の斬首が決行されたのは、一八五九年一〇月二七日のことだった。

「身はたとひ 武蔵の野辺に朽ちぬとも 留め置かまし 大和魂」

私のこの身は武蔵の地で朽ちてしまっても、私の魂は日本に留まり国を守り続けるぞ。

そんな言葉を塾生たちに残して、松陰は逝った。

両親へは、優しさにあふれた辞世の句を残している。

「親思ふ　心にまさる親心　けふの音づれ　何ときくらん」

至誠の人らしいこんな句も残していた。

「かくすれば　かくなるものと　知りながら　已むに已まれぬ　大和魂」

解説は不要であろう。

松陰の死からわずか八年で、江戸徳川幕府は倒れる事となり、松陰の蒔いた種は、その後、様々な奔流と合流しながら、大きな力となって一つの花を開いていった。

どんな時代も、行動、至誠、優しさは、人の心を動かし、大きな力を育むもの。

松陰の二九年の人生から、学べることだ。

父さんね、人間は誰かに喜ばれるために生まれてくると思っているんだ。

そうだよ、もちろん君もね。

喜ばれるために生きる、それを志と言うんじゃないかな。その喜ばれる方法を松陰先生は本当に分かり易く伝えてくれたんだね。

長所を活かす、目の前の事に全力で当たる、行動する、誰かを常に思う。松陰先生はとても優しい人だった。夢中で行動する時は、自分が大事などと思わない。そんな人だった。

萩の松下村塾を訪ねた時にね、父さん本当に驚いたんだ。小さくて、粗末でね。こんな所から日本を支える人たちが生まれたと思うと、本当に「今」が愛しくなったんだ。

学ぶって、楽しい事なんじゃないか？　とも思ったよ。だって、どう生きるか、自分の生まれた役割は何かって考える事なんだものね。

萩は美しい町だよ。父さんが大好きな町。高校を卒業したら、是非行ってきなさい。

夕陽が綺麗な季節がいいな。

第11章　一九四四年　特攻——祖国を守る心の叫び

父さん、いつか君と一緒に行きたい場所があるんだ。

知覧という小さくて綺麗な町なんだ。その町からはね、戦争の終わり頃、たくさんの特攻機が出撃したんだよ。

特攻機って知ってるかい？

そうだね、爆弾を搭載した飛行機で、アメリカの軍艦に体当たりする、その攻撃隊の事だね。知覧からは、四三九機もの特攻機が出撃したんだ。

うん。もちろん死ぬ。その事をみんな分かって出撃したんだ。一番若い飛行兵は、一六歳だったんだ。

可哀想って思うかい？　そうか。酷い？　そうだね。

どんな戦いでも、必ず死ぬ攻撃を命令してはいけない。

でも、可哀想と言ってはいけない。父さんはそう思ってる。

なぜかって？　だって可哀想って言われたら、死んだ甲斐がない。彼らはみんな軍人だったんだもの。みんな覚悟をして飛び立ったのだからね。

だからね、「ありがとうございました」って言うべきだと思うんだ。彼らはね、未来を少しでもよくしたい、日本人を少しでも救いたいと思って出撃したと思うんだ。

人間は死ぬ時に何を思うんだろうね。

知覧の記念館に行くと、出撃した若者たちの遺書が保存・展示されていてね、読んでいくとその若者たちに語りかけられている気になるんだ。

誰もが、誰かの事を思っているし、子孫の幸せを願っている。人間って素晴らしいと思えるんだ。

人間は誰かの為に生きているんだって教えられる。

それを君にも学んで欲しいんだ。

どうだろう。この夏休み、知覧を訪ねてみないかい？

特攻隊のふるさと

鹿児島県知覧――。

日本人ならば、必ず一度は訪ねてほしい場所である。

知覧は戦争中に陸軍の航空基地があった町で、一九四五年三月以降は、「陸軍特別攻撃隊・知覧基地」となり、ここから四三九名にのぼる若者たちが大空に飛び立ち、そして二度と還ることはなかった。

特攻とは「特別攻撃隊」のことで、米軍の攻撃に追いつめられ劣勢が明らかな日本。その、日本の劣勢を何とか立て直そうとして組織されたのが特攻隊だ。

自らが操縦する戦闘機に爆弾を装着し、敵の艦隊に突入していく必死の攻撃隊を主に指す。この場合の「必死」とは、正にその文字どおり、必ず死ぬことを意味している。

アメリカ軍からは、「神風」「カミカゼ攻撃」と呼ばれ恐れられていたという。

そして、絶望的に劣勢な状況下でアメリカ軍に膨大な被害を与えたのだ。

現在、知覧の飛行場跡は整備され、「知覧特攻平和会館」が建っている。会館には特攻兵として、死んで行った若者たち千余名の遺書と遺影が展示されている。

知覧に行く。

そのことで、教えられていない歴史のひとコマを見ることになるだろう。そして戦争の非情さを、そして、死ぬという意味を改めて思い知る機会になる。

戦争は、嫌だ。

戦争は、絶対反対だ。

それは、誰もが心に抱いている感情だ。

今の時代に戦争を肯定し、戦争が大好きだという人間など日本人にはいないだろう。

特攻出撃した若者の内、三割はまだ一〇代の少年飛行兵であり、「知覧平和特攻会館」に展示された幼い遺影と哀切な遺書を読んで、涙を流さない日本人もまたいないと思う。

「相花信夫少尉の遺書」(昭和二〇年五月四日出撃戦死　一八歳)

母を慕ひて

母上お元気ですか

永い間本当に有難うございました

「我六歳の時より育て下されし母

継母とは言へ世の此の種の女にある如き」
不祥事は一度たりとてなく
慈しみ育て下されし母
有難い母　尊い母
俺は幸福だった

遂に最後迄「お母さん」と
呼ばざりし俺　幾度か思い切って呼ばんとしたが
何と意志薄弱な俺だったらう
母上お許し下さい
さぞ淋しかったでせう
今こそ大聲で呼ばして頂きます
お母さん　お母さん　お母さんと
（原文ママ）

出撃するに当たって、なかなか「お母さん」と言えなかった継母への思いをこめた遺書なのだろう。

知覧特攻平和会館を訪れた時、数人の女子高校生が、この遺書を読んでこんな感想を言い合っていた。

「可哀想ね。私たちと変わらない年よ」

父さん思わず声をかけた。

「可哀想と言ってはいけないよ。ありがとうございました、と言うのだよ。あなた方のお陰で、私たちは素晴らしい未来を生きています。とね」

死の覚悟と生きる意味

戦時中の狂信的日本人の象徴として、特攻は語られてきた。

世界で、特攻＝カミカゼは、日本人に対する信頼感の一端としても、語られているのだという事実も心に留めておかなければならない。

人間にとって確かなことは、一つだけだと言ってよいだろう。

それは、誰しも必ず死ぬということに尽きる。

この世に生を受け、産声を上げた瞬間から、一秒一秒、ひと呼吸するたびに、人間は死に向かっているのだ。

そんな人生を、虚しいものだと思う人もいるかもしれない。

だからこそ、今を生きている素晴らしい、輝くような生への憧憬があるのだ。

人間は、生命を何かに換えて生きているのだとも思う。

一刻一刻、私たちの命は減っていくのだが、その反対側に今を生きているという証が刻まれていくはずだとも思う。

大切に生きるとは、その事を心に止めて生きるということだ。

自分の生命が明らかに有限なものだと知り、ましてあと数刻と自覚したとき、人は必ず自分の生の意味、あるいは死の意味を求めようとするものだろう。

自分の生命を、かけがえのない何かに換えることができた。その実感を求めるのではないだろうか。

鹿児島にある「知覧特攻平和会館」を訪ね、圧倒的な数の「死への覚悟」に触れた時に、そのことを、言葉ではなく心で理解することができるだろう。

特攻兵は、決して自殺したのではない。

軍人として、特攻兵として操縦桿を握り、猛烈な敵戦闘機の攻撃や、艦船からの対空砲火を突破し、体当たりを敢行する。それは確かに「誰かのため」だった。

大東亜戦争末期の特攻の成功率、つまり体当たりできた確率は、僅か一四パーセント程度といわれている。通常の攻撃からすれば、何十倍の戦果を挙げたといえる。

しかし、その覚悟の死から見れば、〝僅か〟と思ってしまう。

知覧を離陸して沖縄まで二時間。彼らは心の内に、命に代って守りたい誰か、何かが存在していたはずだ。

一九四五年四月以降の沖縄をめぐる特攻作戦で、知覧は陸軍の中核的基地となった。陸軍特攻機全体で一四一七人が特攻戦死したうちの、四三九人が知覧から出撃し、全国の海軍基地からも二五三一名が特攻戦死している。

しかし、米軍の艦艇二〇〇隻以上を撃沈破し、四〇〇〇人以上を戦死させ、戦傷者も含めて九〇〇〇人以上の犠牲を米軍に強いたと言われている。

日本の特攻攻撃のあまりの猛威に、沖縄を包囲していた米海軍部隊は、南方海上に離脱しようとしたという話も残っているほどだ。

成功率わずか一四パーセントという中で、米艦に突入できた将兵は、その瞬間にどんなことを考えたのだろうか。

ある航空将校はこう語っている。

「これで命中する、とわかったとき、幸せに胸をふくらませたであろう気持ちは、自分の経験に照らして信じています」

ほかにも多くの航空将兵が同じような述懐している。特攻が成功するとの確信に彼らが胸をふくらませた幸せ。それこそが、「自分の生命を『何か』に換えることができたことへの喜び」だったのではないかと思うのだ。

その「何か」というのは、愛すべき人を守る礎になれたとの確信。そしてきっと自分の死が未来の日本人の勇気の種に成るだろうとの願いだったのではないか。知覧に来て幾多の魂の声に触れると、素直にそう思える。

私たち日本人は、彼らの気持ちを理解しなければならない。

アメリカ人で、ブラウン大学図書館研究員のマクスウェル・T・ケネディ氏はこう語っている。

「アメリカの若者は、戦争中のアメリカ軍人の犠牲は、アメリカの自由を守るために必要だと教えられている。

日本軍の上層部が、敗北を十分に認識した上で大勢の若者を神風特攻隊に任命したのは、絶望的な大義のために命を捧げた若者たちの論理規範が、以後何千何万年と人々の自己犠牲精神をかき立て続けるであろうと考えてのことだった。

彼らの最後の望みは、未来の日本人が特攻隊の精神を受け継いで、強い心を持ち、苦難に耐えてくれることだった。

現代を生きる私たちには、神風特攻隊という存在をただ理解できないと拒絶するのではなく、人の心を強く惹きつけ、尊ばれるような側面もあったのだということを、今こそ理解すべきではないだろうか」

誰がための死

林尹夫大尉は、京都大学文学部西洋史科在学中、海軍に志願し、一九四五年七月に戦死した人物で、その手記は『わがいのち月明に燃ゆ』という本となっている。

彼の日記にこんな文章がある。

「戦地に敢然と突っ込む人は尊いのだ。けだし共同体を擁護するために、我等の祖先と、同時代人と、子孫と、伝統と未来の擁護のために。それが日本において、時代の強弱の差こそあれ、共同体の精神的中心となってきたことはいうまでもない（略）」

少々難解かもしれないが、いまこの一文を読むと、不思議に二〇一一年三月一一日の出来事を思い出す。

彼が言う「共同体の精神的中心」。

それは、先祖が作ってきた郷土、いまをともに生きる肉親や仲間、そして未来を生きるであろう子孫のためには、死ぬこともいとわない。そんな心のありかたを指しているのだ。

未曾有の大災害と言われた東日本大震災に際し、多くの日本人がその精神を行動で示したことは、私たちの記憶に新たなところだろう。

林尹夫大尉の言うように、時代の変遷のなかで強弱の波はあっても、確かに私たちのなかに受け継がれている精神なのだと思う。

誰かのための自分。

誰かのための自分の生命。

そう思うことのできる尊い心を、確かに日本人は持っていた。

もちろん、自分の生命ほど大切なものはない。しかし、「自分の生命よりも尊いものがある」ということも事実であると、私たちは強く教えられたのだ。

フランシスコ・ザビエル以降、多くの外国人は日本人を示す言葉に「気高さ」を挙げている。

気高さとは自らの命より大切な何かを自覚している人に宿る輝きだ。

大震災の当日、自らの命を投げ打ってでも地域住民を救おうとした警察官や消防団の人々。

津波にのみ込まれるその瞬間まで避難を呼びかけた若い公務員。

原発の危機に出動し、危機に体をはった自衛官や原発職員。流れゆく濁流から、見ず知らずの他人を救う市民。

命よりも大事なものはない。

それは当たり前だが、しかし、彼らが命に換えてでも守ろうとした「何か……」を私たちは思い知ったのだ。

戦前、戦中に、日本人はその「自分の生命よりも尊い何か」を総称して「クニ」と言ったのだと、鳥濱初代さんはいう。

鳥濱初代さんは、知覧にあった軍指定の食堂「富屋食堂」（現富屋旅館）で、幾多の特攻兵を見送った「特攻おばさん」こと鳥濱トメさんの義理の孫にあたる。トメさんの思い、そして特攻兵の思いを若者に語り続けている。

トメさんのことは、石原慎太郎氏が監修した映画『俺は、君のためにこそ死ににいく』（二〇〇七年東映）でも描かれ、岸恵子さんが演じている。

いま、私たちが、特攻兵たちの生身の姿や声を知ることができるのは、トメさんが、戦争中に交流した彼らのことを語り継いでくれたおかげで、特攻隊が飛び立った飛行場跡に立つ「知覧特攻平和会館」の建設も、トメさんの情念のたまものと言ってよいだろう。

一九四五年八月一六日、終戦の翌日に、トメさんは飛行場の一隅に墓標を立てたと言われている。

「特攻隊は無駄死にだ、犬死にだ。終には戦犯だとまで言う人がいる。そうじゃない。彼等は国を守る、その純粋な気持ちで飛び立ったんだ」

そう訴えたいがための行動だったという。

やがて知覧にも、米軍が占領軍としてやってくるが、その駐留部隊を横切って、トメさんは毎日欠かさず、線香と花を手向けに墓標に通った。ときにはそんなトメさんを、米軍人が墓標までジープに乗せてくれたという。

純粋な心は日本人ならずとも伝わるのである。

特攻兵の心理

世界の戦史史上において、意図的に死ぬ事を絶対とする作戦命令は、日本の特攻隊が初めてであり、また、最後でなくてはいけない。

二〇〇一年にアメリカのニューヨークで起きたいわゆる「九・一一」の際、その自爆テロと、日本の特攻隊を比較したり、同一視したりする論調が起った。

しかし、両者はまったく性質の違うものであることをしっかりと訴えなくてはならない。

日本の特攻隊は、日の丸をつけた軍用機で、敵の軍艦や施設に突入したもので、それはテロではなく軍事行動だ。

ハイジャックした民間機で一般市民が働く高層ビルに突っ込むなどという卑劣なテロと一緒にしてもらっては困る。

そしてこんな説もあった。

「当時の日本将兵は、洗脳されていた」

本当にそうだったのだろうか。

戦前の日本では、こんな言葉が当然のこととして語られていた。

「海兵、陸士、一高」

村で一番優秀な人間は、海軍の将校を養成する海軍兵学校へ。二番目に優秀な人間は、陸軍士官学校へ。そして三番の人は、将来東京帝国大学へ行くべく旧制の第一高等学校へ行く。

そういう意味だ。

戦前の海軍兵学校や陸軍士官学校の受験倍率は、二〇～四〇倍にも及んだという。

それほどの難関を突破した者のうち、特に優れた運動能力、動体視力を持った俊英だけが、さらに航空へと進むことができ、航空兵になれたのは、いわば東京大学に入れて、かつ甲子園大会でもエースで四番を任せられる人間だけだったとたとえればわかりやすいだろうか。

つまり、決して簡単に「洗脳」されるような人間たちではなかったのだ。選り抜きの俊英たちだっただけに、彼らは「やがて日本は負ける」という未来も予見していた事だろう。

そんな彼らが、いったいどんな思いで敵に突入していったのか。

敗戦の時期が少しでも遅れること。

日本本土への上陸を少しでも米軍が躊躇すること。

そんなことを願っていたはずだ。

また、それ以上に、アメリカに負けたとしても、勇敢に生命を捨てて戦った先祖がいるという事実を、未来の日本人が心に留めてくれることを、強く願ったのではないだろうか。

命がけでクニを守り抜こうとしたぞ。

そんな自分たちの思いを、ちゃんと受けとってくれよ。

そんな先祖が過去にいたのだという事実を、決して忘れないでくれよ。

そして、それだけ大切な君たちなのだぞ！　と伝えるために。

「クニ」という言葉にそうした思いをこめて、若い彼らは大空に散っていったに違いないと、父さんは思う。

死するとも　なほ死するとも
我が魂よ
永久にとどまり
御国まもらせ

沖縄方面で特攻死した、緒方襄中尉の辞世の句である。御国、この言葉は未来の私たちの事だと思う。

僕は今、死へと飛び立つよ。でも僕の魂はね、永久に君たちの事を守っているよ。

こんな言葉を遺された私たちは、本当に幸せな子孫ではないだろうか。

そして、次の世代にも伝えなければと、心から思うのだ。

未来を生きる者たちへ

「クニ」

この言葉が意味する形は、特攻隊員一人ひとり、少しずつ違っていた。

二三歳で戦死した海兵出身の関行男大尉にとっては、それは最愛の妻だった。

一九四四年一〇月二五日。彼は初めての特攻機の指揮官として、フィリピン・マバラカット飛行場を離陸した。

「ぼくは、天皇陛下とか日本帝国のためとかで行くんじゃない。最愛のKA（奥様）のために行くんだ。命令とあらば止むを得ない。ぼくは彼女を守るために死ぬんだ。最愛の者のために死ぬ。どうだ素晴らしいだろう」

関大尉は、従軍していた同盟通信社の特派員・小野田記者にそう語ったと伝えられている。

彼らはそれぞれに、苦悩の中にありながら、生命よりも大切な何かを見出して飛び立った。

人間は、誰かのためでなければ、死ぬことなどできないのだろう。彼らの死は自殺ではないのだから。

その「誰か」の一部に、彼らにとって「未来」であった今を生きる私たちが、間違いなく含まれているという事実を、私たちは受け止めなければならない。

「私たちは、特攻出撃された思いの涯をちゃんと生きているか？」

「死んだ甲斐があった。そう言ってもらえる今を創り、一生懸命に今を生きているか？」

先述の鳥濱初代さんは、特攻兵が最後の時間を過ごした富屋食堂（現富屋旅館）を訪れる人々に、そのように問いかけ続けている。

「はい！」

胸を張ってそう答えられる生き方を、私たちはしなければと思うのだ。

特攻兵の霊たちに敬意を表せるとしたら、今の私たちの「生き方」を通じてこそではないか。

知覧の地に立ち、大空を仰ぎ見るたびに、いつもそんな思いを新たにする。


「枝幹二大尉遺言」（昭和二〇年六月六日出撃戦死　富山県　二二歳）

あんまり緑が美しい
今日これから死にいくことすら忘れてしまひさうだ。
真青な空
ぽかんと浮かぶ白い雲
六月のチランは
もうセミの声がして

夏を思はせる
作戦命令を待っている間に
小鳥の声がたのしさう
「俺もこんどは小鳥になるよ」
日のあたる草の上に
ねころんで
杉本がこんなことを云つてゐる
笑はせるな
本日十三時三十五分
いよいよ知ランを離陸する
なつかしの祖国よ
さらば
使いなれた
万年筆かたみに
送ります。
（原文ママ）

死を前にして、こんな透明な詩を描ける私たちの先祖。

この詩に表れている平穏な心は、未来への安心、つまり私たちに対する信頼から生まれているのではないか。

かたみに残した万年筆。枝幹二大尉はその万年筆でどんな物語を、言葉を書き続けたかったのだろうか？　そしてその万年筆を手にした後世を生きる人々にどんな思いを綴ってほしいのだろう。

今を生きる私たちは、確かに、特攻隊の人々から「未来」を託されている。

彼らにだけではない。長い日本の歴史の中で、おびただしい数の命から、「未来」を託されているのだ。

「日本の未来はこんなふうになるのか。ぼくたちも生きたかった未来だね。もしぼくたちの死がその一助になったなら、死んだ甲斐があったよ。ありがとう！」

先人たちがそう思ってくれるような「今」をつくる。

先人たちの思いを心の一片において「今」を生きる。

それが、今この日本に生まれた私たちの使命なのではないだろうか。

フランス人の作家で、政治家でもあったアンドレ・マルローは、かつて特攻隊について、次のような主旨の発言をしている。

日本は太平洋戦争に敗れはしたが、そのかわり何ものにもかえ難いものを得た。それは世界のどんな国も真似のできない特別攻撃隊である。彼らには権勢欲とか名誉欲などはかけらもなかった。祖国を憂える尊い情熱があるだけだった。代償を求めない純粋な行為、そこにこそ真の偉大さがある。

フランス人の中には、特攻隊の出撃機数と戦果を比較して、こんなにも少ない撃沈数なのになぜ若いいのちをと、疑問を抱く者もいる。そういう人たちに、私はいつも言ってやる。「母や姉や妻の生命が危険にさらされるとき、自分が殺されると承知で暴漢に立ち向かうのが息子の、弟の、夫の道である。愛する者が殺されるのをだまって見すごせるものだろうか？」と。

戦争は、一面的善悪で判断するものでも、断罪できるものでもない。

今の価値観だけで過去を評論することよりも、大事なのは、今の私たちに託されている、当時の人々の真情に思いを馳せることなのだ。

それは、今の日本の信頼を築きあげた先祖に、平和で豊かな今を築く礎となった祖先の勇気と愛情に、敬意を持つということだろう。

知覧を訪れたことを書いた君の感想文、とっても感激したよ。えっ？　どこにって？

「死んだ後に残るのは、どう生きたかということだけです」

そう書いてあったね。父さん、どきっとしたよ。

特攻隊員の遺書を、君は一つひとつ丁寧に読んでいたね。

父さん、そんな君の後姿を見てとても嬉しかったよ。

それは君が一所懸命に、過去から受け取ったものは何かを考えて、受け止めていたように思えてね。

私たちは、本当に幸せな今を、沢山の人たちの思いの果てに受け取っていると、父さん思うんだ。

命をかけてよい未来を創ろうと行動した。

その事を忘れてはいけないし、いつか君も自分の子どもに語って欲しいな。

今、君が生きているこの時は、沢山の人たちの思いや行動・覚悟の先にあるという事をね。

あとがき

どれだけの思いと苦労の果てに、手渡された「今」があるかを知らなければ、この「今」をよりよくして未来に手渡そうとする情熱など、湧くはずもないでしょう。

子どもの幸せを願わない親はいません。孫の幸せを願わない人もいないはずです。

歴史とは、そんな思いを底流としています。

結果として不本意な未来に至ったとしても、その先祖の願い、希望に目を向けない人は自分に誇りを持つ事はできないと思います。どれだけ大切に思われてきた命なのかを知る事が、その人間の誇りの核になるからです。

歴史を学ばない民族は滅びる、と言われるのもそこに所以があるのだと思います。今の日本人、特にバブル崩壊以降、日本の良さを実感しにくい若者たちは、誇りという人間の背骨を失ってしまったように見えます。だからこそ、歴史の中に、誇るべき何かを見出そうとしているのではないでしょうか。

「子どもたちは、先祖に誇りを持ちたい。それは人間の本能である」

渡部昇一先生は、常々そう教えて下さいます。

その本能は、今、日本人すべてに湧きでていると実感します。

本書を執筆する機会を作っていただき、この一冊に魂を入れてくれた編集者の藤代勇人さんには、心から深く感謝をしています。本当にありがとうございます。

S・Yワークスの内藤洋子さんは、情熱一杯にこの本を完成に導いてくれました。感謝しています。

私を歴史への探究へと導いてくれたのは、大東亜戦争に少年志願兵として出征し、戦後を一会計人として歩み続けている父。猛烈な空襲の台湾で生き抜き、引揚者としての辛酸をなめながら育ててくれた母です。

その人生に、ありがとうございます。

そして最後に、長男の由樹と、彼を元気でものおじしない男子に育ててくれた妻に感謝し、筆をおきたいと思います。

平成二五年二月七日　越後岩室の地にて

佐藤芳直

◎**主な参考文献**　※順不同

「FDR」テッド・モーガン（グラフトン・ブックス）／「『太平洋戦争』は無謀な戦争だったのか」ジェームズ・B・ウッド（WAC）／「〈4つの超常識対談〉飛鳥昭雄×船井幸雄　日ユ同祖論とミロクの世の真実」飛鳥昭雄、船井幸雄（学研）／「篤姫 わたくしこと一命にかけ」原口泉（グラフ社）／「アメリカのオレンジ計画と大正天皇」鈴木荘一（かんき出版）／「海図世界史」宮崎正勝（新潮選書）／「海の翼」秋月達郎（新人物文庫）／「江戸という幻景」渡辺京三（弦書房）／「オレンジ計画」エドワード・ミラー、沢田博訳（新潮社）／「終わりなき危機 君はグローバリゼーションの真実を見たか」水野和夫（日本経済新聞出版社）／「数学者が見た 二本松戦争」渡部由輝（並木書房）／「原爆投下」松本秀文、夜久恭裕（NHK出版）／「幸運な文明 日本は生き残る」竹村公太郎（PHP研究所）／「The Interest of America in Sea Power, Present and Future」Alfred Thayer Mahan (Boston, Little, Brown and company)／「時刻表復刻版 戦後編 1977（昭和52）年度版」（日本交通公社）／「知られざる『吉田松陰伝』」よしだみどり（祥伝社新書）／「新幹線をつくった男 島秀雄物語」髙橋団吉（小学館）／「真珠湾の裏切り ジェイムズ・ラスブリッジャー、エリック・ネイヴ、大蔵 雄之助訳（文藝春秋）／「世界が語る神風特別攻撃隊」吉本貞昭（ハート出版）／「世界が語る大東亜戦争と東京裁判」吉本貞昭（ハート出版）／「戦艦大和ノ最期」吉田満（講談社文芸文庫）／「それでも日本人は『戦争』を選んだ」加藤陽子（朝日出版社）／「『縮み』志向の日本人」李御寧（学生社）／「孫文 革命文集」孫文、深町英夫編訳（岩波文庫）「特攻　空母バンカーヒルと二人のカミカゼ」マクスウェル・テイラー・ケネディ、中村有以訳 （ハート出版）／「特攻の真意」神立尚紀（文藝春秋）／「なぜアメリカは日本に二発の原爆をおとしたのか」日高義樹（PHP研究所）／「日米開戦の悲劇」福井雄三（PHP研究所）／「日米衝突の根源」渡辺惣樹（草思社）／「日露戦争資金調達の戦い」板谷敏彦（新潮選書）／「日本人はなぜ世界から尊敬され続けるのか」黄文雄（徳間書店）／「日本鉄道物語」橋本克彦（講談社）／「『日本の歴史』1古代篇 現代までつづく日本人の源流」渡部昇一（WAC）／「『日本の歴史』2中世篇 日本人のなかの武士と天皇」渡部昇一（同）／「『日本の歴史』3戦国篇 戦乱と文化の興隆」渡部昇一（同）／「『日本の歴史』6昭和篇 昭和の大戦への道」渡部昇一（同）／「『日本の歴史』7戦後篇 戦後の混迷の時代に」渡部昇一（同）／「日本文明の謎を解く 21世紀を考えるヒント」竹村公太郎（清流出版）／「日本史 百人一首」渡部昇一（育鵬社）／「乃木希典」福田和也（文春文庫）／「敗戦真相記」永野護（バジリコ）／「パル判決書の真実」渡部昇一（PHP研究所）／「悲劇の発動機『誉』」前間孝則（草思社）／「ペリー艦隊来航記 少年少女歴史物語」鈴木三重吉（桐書房版）／「マインドコントロール2」池田整治（ビジネス社）／「マン・マシンの昭和伝説（上）」前間孝則（講談社）／「名誉と順応 サムライ精神の歴史社会学」池上英子、森本醇訳（NTT出版）／「山より大きな渚 高度成長に挑んだ男たち」上前淳一郎（講談社）／「吉田松陰と松下村塾」海原徹（ミネルヴァ書房）／「ルーズベルトの責任 日米戦争はなぜ始まったか」チャールズ・A・ビーアド（藤原書店）／「わがいのち月明に燃ゆ」林尹夫（ちくま文庫）／「学問のすすめ」福沢諭吉（岩波文庫）／「江戸参府随行記」C・P・ツュンベリー、高橋文訳（東洋文庫）／「坂の上の雲」司馬遼太郎（文春文庫）／「自動車年鑑 1947年度版」日本自動車会議所編（日本自動車会議所）／「鉄道ファン（1962年4～7月号）」交友社／「北京燃ゆ―義和団事変とモリソン」ウッドハウス暎子（東洋経済新報社）／「毎日グラフ（1972年10月号）」（毎日新聞社）／「葉隠」山本常朝（岩波文庫）／「太平洋戦争 最後の証言 第一部 零戦・特攻編」門田隆将（小学館）／テレビ「NHK特集 自動車 第1部 始動～アメリカの世紀～」1987年6月15日／「（同）第2部 発進～日本の登場～」1987年6月15日／「（同）第3部 加速～日本車の上陸～」1987年6月21日

佐藤 芳直（さとう よしなお）

S･Yワークス代表取締役

1958年2月宮城県仙台市出身。早稲田大学商学部卒業後、船井総合研究所に入社。以降コンサルティングの第一線で幾多の一流企業を生み出した。2006年同社常務取締役を退任、株式会社S･Yワークスを創業、代表取締役になる。30年以上に渡るコンサルティングでは、歴史観、そして歴史の中に観る日本の強さを学ぶことこそ、企業の強さを生み出す根源であると唱えている。また、人間の教育は歴史に学び、その歴史の中から未来に手渡す種を探しだすことだと語る。その考え方には多くの熱烈なファンがおり、年間300回以上に渡る講演会には、多数の教育者、行政関係者、そして父親、母親の姿がある。

●S･Yワークスホームページ　http://www.syw.jp/

日本はこうして世界から信頼される国となった
——わが子へ伝えたい11の歴史

2013年３月15日　第１刷発行
2014年９月９日　第６刷発行

著　者　　佐藤芳直
発行者　　長坂嘉昭
発行所　　株式会社プレジデント社
東京都千代田区平河町2-16-1
平河町森タワー13階（〒102-8641）
http//www.president.co.jp/
電話　編集（03）3237-3732
販売（03）3237-3731

企画・編集　　藤代勇人
協　力　　横戸 茂、吉村千穂、樫村政則、
知覧特攻平和会館、富屋旅館
装丁・DTP　　仲光寛城（ナカミツデザイン）
印刷・製本　　株式会社ダイヤモンド・グラフィック社

ISBN978-4-8334-2023-5
Printed in Japan